创新之地的创新逻辑

智库解读杭州「六小龙」

HANGZHOU LIUXIAOLONG

兰建平 等 —— 著

红旗出版社

图书在版编目（CIP）数据

创新之地的创新逻辑：智库解读杭州"六小龙" / 兰建平等著 . -- 北京：红旗出版社，2025.7. -- ISBN 978-7-5051-5484-1

Ⅰ . F279.275.51

中国国家版本馆CIP数据核字第20255ES726号

书　　名	创新之地的创新逻辑：智库解读杭州"六小龙"
	CHUANGXIN ZHI DI DE CHUANGXIN LUOJI : ZHIKU JIEDU HANGZHOU "LIUXIAOLONG"
著　　者	兰建平　等
总 策 划	姜　军　童　杰
策划统筹	蔡李章　赵　洁
责任编辑	杨　迪
出版发行	红旗出版社
地　　址	北京市沙滩北街2号
	杭州市体育场路178号
编 辑 部	0571-85310467
E - mail	hqcbs@8531.cn
法律顾问	北京盈科（杭州）律师事务所　钱　航　董　晓
图文排版	浙江新华图文制作有限公司
印　　刷	浙江全能工艺美术印刷有限公司
开　　本	710毫米×1000毫米　1/16
字　　数	146千字
版　　次	2025年7月第1版
ISBN 978-7-5051-5484-1	

责任印务	金　硕
责任校对	吕丹妮
邮政编码	100727
邮政编码	310039
发 行 部	0571-85311330
印　　张	12
印　　次	2025年7月第1次印刷
定　　价	68.00元

兰建平（中）、王辰（右一）、陈知然（左一）前往中央广播电视总台参与《中国经济大讲堂》节目录制

浙江省发展规划研究院副院长兰建平登上《中国经济大讲堂》，向全国观众讲述杭州"六小龙"现象背后的创新逻辑

兰建平（左四）陪同潘云鹤院士（左五）调研杭州聪宝科技有限公司

序一

2024 至 2025 年真是龙蛇腾飞之年。

2025 蛇年之初，来自杭州的深度求索（杭州深度求索人工智能基础技术研究有限公司）[1]自主开发的开源大模型 DeepSeek-R1 火爆全球，应用程序下载量荣登多国应用商店下载量排行榜榜首，引发全球惊叹；同样来自杭州的机器人公司宇树科技（杭州宇树科技股份有限公司）开发的人形机器人群在 2025 年春晚舞台上与人类舞者配合，扭秧歌、转手绢，精彩表演令亿万观众拍手叫好。

2024 年，游戏科学（杭州游科互动科技有限公司）开发的《黑神话：悟空》作为"中国首款 3A 游戏"横空出世，一经上线立刻席卷全球市场，销量登顶，成为中国游戏史上的一座里程碑；云深处（杭州云深处科技有限公司）出品的四足机器人背着传感器，对国内外电力隧道和机场进行自动巡检，完成了一件又一件充满挑战的任务；强脑科技（浙江强脑科技有限公司）研发的脑机接口和仿真手等产品的产业化进程领先全球；群核科技（杭州群核信息技术有限公司）则依托其强大的智能设计和图形学技术以及丰富的数据资源，打造出全球最

---

[1] 本书涉及企业较多，同一企业多次出现时使用简称，在其首次出现时标注全称，后同。

大室内装修产业链"技工贸"统筹服务智能平台，服务 200 多个国家和地区的数千万用户与企业。

这六家扎根于杭州的科技企业被公众称为杭州"六小龙"。六家企业厚积薄发，终于迎来全球瞩目的集体爆发，其意义不仅是企业本身的成功，更标志着中国在新兴科技领域已展现出引领时代潮流的新态势。

大家都希望有一部著作能深度解读杭州"六小龙"崛起之路，带领读者不但了解杭州的这六家具有代表性的科技企业，也了解其为何能诞生于杭州这座城市。翘首以盼之际，《创新之地的创新逻辑：智库解读杭州"六小龙"》一书应时而生，带领读者透视杭州"六小龙"的成长密码。尤为难得的是，这本书的作者以敏锐的观察力，揭示了杭州"六小龙"现象背后孕育新质生产力的生态之力：在数字时代，创新的核心不再是单一技术的突破，而是生态系统的协同进化。科技企业的创新生态主要有四个要素：产（企业）、学（大学、研究所）、政（政府、公共服务）、境（自然人文环境）。人们常拿杭州与美国硅谷相比，我也曾比较过，我认为：于"产""学"，两者相仿；于"境"，杭州胜之；于"政"，杭州大胜之。因为杭州政府对科技企业的管理服务不但分寸适宜，且"阳光雨露"提供得及时、丰富。正是杭州政府打造出的这片肥沃的"创新黑土地"，让科技之树根深叶茂，茁壮成长。

这本书透视热点、寻求规律，预判趋势、面向未来，为创业创新者奉上了能帮助其快速发展的"锦囊妙计"，为城市管理者提供了改革施策的良方，为其他城市科技产业发展贡献了可参考的范本。

一花独放不是春，万紫千红方为春。今天的中国，新一轮科技革命方兴未艾，创新创业的活力时时涌动，处处都有新动能、新气象、新机遇。期待人们能从这本书中得到关于创业创新的启示；从杭州的服务革新中，学习创新生态的破局之道，助万龙飞天，育万木成林。

当每个城市都能奏响独特的创新乐章，中国经济的交响乐必将更加雄浑壮丽，必定会开创高质量发展的新时代！

中国工程院院士、浙江大学教授
国家新一代人工智能战略咨询委员会主任
中国人工智能产业发展联盟理事长

序二

2025年是"十四五"的收官之年，更是"十五五"的开局之年，贯彻党的二十届三中全会提出的科技创新与产业创新（简称"两创"）融合发展、推动经济高质量发展的战略落地，是实施五年规划的重大任务之一。同时，因地制宜发展新质生产力，着力推动中国经济从"开放创新"向"创新开放"的转型与跨越，也是各地的工作重点之一，在这方面，杭州无疑是"两创"深度融合实践的重要研究范本之一。

早在2003年，时任浙江省委书记习近平第一次提出了"数字浙江"战略，并作出了一系列部署。杭州作为浙江省会，积极推动数字经济发展，在这里诞生了阿里巴巴（阿里巴巴集团控股有限公司）、海康威视（杭州海康威视数字技术股份有限公司）、新华三（新华三技术有限公司）、浙江大华（浙江大华技术股份有限公司）、安恒（杭州安恒信息技术股份有限公司）等著名数字经济代表企业，培育了梦想小镇、云栖小镇等创新平台，是近十年来国内比较认可的"数字经济第一城"。在经历了国家对平台经济进行整治、中美贸易战等严峻考验后，如何提高科技创新自强自立的水平，赢得各种"卡脖子"挑战中的城市主动权，成为杭州必须面对的问题。而杭州"六小龙"的出现，是这个城市给出的最好的回答。2025年年初，关于杭州"六小龙"的系列报道引起了国家部委和兄弟省市的关注，组织调研组来杭考察，其中有一个共识是："六小龙"的爆发是偶然也是必然，是杭州十几年来优化营商环境，大力推进科技创新与产业创新深度融合、因地制宜发展新质生产力的结果。

催生我们创作这本书的缘由，主要有以下几个方面。

首先，浙江省发展规划研究院（简称省发展规划研究院）作为智库单位，一直密切关注社会热点，深挖热点背后的发展逻辑。因此，在乙巳蛇年春节刚过不久，我带领社会发展研究所俞莹所长、李杨博士等，在澎湃新闻上，发了一篇题为《"六小龙"何以扎堆出现？课题组细数杭州的"金木水火土"》的文章。结果，这篇文章被不少媒体网站、微信公众号转载"点赞"，江苏《新华日报》等官方主流媒体还加了长长的评论，发出了"灵魂拷问"："六小龙"的诞生之地为什么是杭州，而不是其他地方？为了探寻这个问题的答案，广东《南方》杂志经济部的负责人还专程到我院进行面对面的交流。这一系列反响，都让我深深感受到，无论是东部经济大省，还是中西部地区各省区市，全国各地都在努力寻找推动经济发展的新动能，大力发展新质生产力。作为智库单位，针对类似以"六小龙"为代表的新经济现象，我们应该及时做出更加全面、系统的解读。就在此时，红旗出版社主动联系我，希望我能从智库的角度，写一本体系化研究与分析杭州"六小龙"现象背后的共性与个性问题的书，更深层次、更大范围地回应社会的关切。这是有责任、有担当的出版人对社会热点、难点、焦点问题的关注，与我院一贯的追求同频共振，我与课题组深受感动。在本书撰写过程中，我们与红旗出版社的同志反复讨论、打磨大纲和内容，让本书得以顺利面世。

其次，是中央广播电视总台的关注。众所皆知，中央广播电视总台财经频道有一档著名栏目《中国经济大讲堂》，该栏目针对经济热点、焦点问题等，邀请各方面专家，以通俗易懂的方式和语言，面向全国观众进行公开宣讲。作为一名研究者，在过去的10多年里，我一直关注并喜爱这档栏目，其信息量大、交互方式好，是扁平化时代下"集思广益"的好方式。因此，当课题组的陈知然博士告诉我，《中国经济大讲堂》节目组希望邀请我院去参加2025年度全国两会前的节目录制时，我们第一时间向时任省发展规划研究院院长吴红梅作了汇报。吴红梅同志也十分重视这个任务，并亲自带队开展了关于杭州"六小龙"的专题调研。但就在她准备赴京参加节目录制的前一周，脚意外骨折了，因此这个任务落到了我的身上。在多方共同努力下，我以"创新之地的创新逻辑"作为演讲主题，圆满完成录制。这次经历，也让我更坚定了要系统、深入地将相关调研材料整理成书的决心。

最后，是澳门特别行政区的邀请。随着我们发表的文章被不断转载，各种报道不断增加，我院对杭州"六小龙"问题的研究也得到了社会各界的充分认可。作为课题组的主要负责人，我也有幸得到了一些讲课邀请。2025年4月23日，由澳门特别行政区政府主办的高级研修班在珠海举办，中央人民政府驻澳门特别行政区联络办公室通过浙江省委组织部，专门向我院发出邀请函，邀请我去珠海，给澳门特别行政区的广大领导和同志讲讲DeepSeek是如何改变千行百业的，这让我感到分外荣幸。事实上，除澳门特别行政区外，山东、内蒙古、广西、苏州等地政府，以及全国干部教育培训浙江大学基地等机构，都曾邀请我们课题组以各种方式，与大家一起学习交流杭州"六小龙"

现象。在交流中，我深感杭州"六小龙"现象及现象背后的成因已经在全国各地引起广泛重视，大家都渴望从中汲取发展经验，作为以"谋划历史、尽职未来"为定位的智库单位，我们有责任回应这一时代课题。

以上是创作这本书的三个缘由，而本书在内容上，则着力于回答清楚三个方面的问题。

第一个问题是，以杭州"六小龙"为代表的这一轮创新创业热潮，与以往到底有什么不同？

本书将杭州"六小龙"式的创新创业特点主要概括为"全球化、年轻化、硬核化"。全球化，就是要在全球的高度，关注热点、难点问题，把握创新创业的方向与路径。如强脑科技是典型代表。其创始人韩璧丞与同样大力发展脑机科技的科技巨头埃隆·马斯克所关注的问题相似：如何让残障人士提高自主生活能力，拥有更好的生活质量？科技创新在提高劳动效率、推动产业创新的同时，也必须把握创新的方向，对社会问题的关切彰显的是"科技向善"的本质，也是国际普遍认可的导向，体现了韩璧丞的高站位。年轻化，就是要发挥出年轻人在这轮创业创新中的主体地位，发挥出他们作为中坚的力量。过去，很多地方大力引进专家、院士团队，并投入大量资源，而杭州"六小龙"的成功却提供了新的启示：扶持年轻人的创新创业，对城市发展而言也同样重要。自从"互联网+"成为高频词后，杭州作为"互联网+"的代表性城市，被贴上了以互联网、电商等模式为创新主导的标签，阿里巴巴就是这一模式的代表。而杭州"六小龙"的硬核化特点，则体现了"技术为王"的不同发展路径，也彰显了杭州的多样化发展模式。

第二个问题是，作为新一代信息技术领域的企业，杭州"六小龙"到底是"盆景"还是"风景"？

自从我们发表《"六小龙"何以扎堆出现？课题组细数杭州的"金木水火土"》一文后，这是被社会各界问到最多的话题。大家会有此一问，我想主要有以下两个方面原因。其一，有人认为比起杭州，深圳等城市拥有更多类似"六小龙"这样的企业，所谓的"六小龙"，只不过是一种"盆景"罢了。其二，有人认为杭州"六小龙"目前的经营和盈利规模都不算大，这六家企业还不太符合数字经济高质量发展的要求，因此，充其量也只是"风景中的盆景"而已。这两种想法有一定的道理，但是，就像大约在2016年，人们也曾有这样的疑问：阿里巴巴为什么诞生在杭州，而不是其他城市？哪个大企业，不是从小企业发展而来的呢？我认为，杭州"六小龙"从当下看，是"盆景"；但是从未来看，极大概率是最美丽的"风景"。杭州，对于很多年轻人来说，就是那片希望的田野，是创新创业的"黑土地"。而拥有这样一片"黑土地"的杭州，也许不仅仅对年轻人充满吸引力，对其他各类人才也同样如此。或许在未来，"孔雀东南飞"——人才不断涌入杭州会成为一种常态。

第三个问题是，从更长远的视角看，杭州"六小龙"现象的真正现实意义到底是什么？

对城市发展而言，深入探究、学习这一现象背后的城市管理之道，无疑具有很强的现实意义。杭州"六小龙"受到全国乃至全世界瞩目之际，杭州政府和企业自身都始终保持"居安思危"的思想，把努力建设企业的核心创新能力放在更加突出的位置上，不为外界的鲜花与掌声所陶醉，一步一个脚印，扎扎实实把企业办好。这种求真务实的作风，对于科技型企业的发展来说，的确难能可贵，也值得作为经验推广。写到这里，我想起了 2024 年诺贝尔经济学奖得主达龙·阿西莫格鲁的观点，他认为决定国家兴衰的根本，不是科技，而是制度。从杭州乃至浙江对营商环境的打造来看，制度的好坏的确很大程度上决定着发展的兴衰。

1999 年，杭州诞生了阿里巴巴；2025 年，杭州又腾飞了"六小龙"。我们相信，再给这个城市 5 到 10 年的时间，这座当年马可·波罗笔下的"世界上最繁华的城市"，一定能孕育出无数条"小龙"，在未来依然可以成为世界上最繁华的城市。

享受国务院政府特殊津贴专家
浙江省人民政府咨询委员会委员
浙江省发展规划研究院副院长、研究员

2025 年 5 月 26 日写于杭州

写在前面的话

"金木水火土"：智库"五字诀"解码杭州"六小龙"

早在 2003 年，时任浙江省委书记习近平就提出了"数字浙江"战略，并作出一系列重要部署。沿着这张宏伟蓝图，浙江省委、省政府持续推进"数字浙江"建设，一任接着一任干，一张蓝图绘到底，为浙江数字经济发展打下了坚实的基础。

2024 年，浙江省委、省政府系统部署"加快建设创新浙江，因地制宜发展新质生产力"，把 AI（人工智能）作为三大科创高地之首。

作为浙江省委、省政府重要决策智囊和前沿智库的省发展规划研究院，始终围绕全省中心工作和重大决策部署，深入开展重大发展战略研究。特别是顺应时代发展趋势，认真履行职责，坚持不懈地为全省 AI、集成电路、脑机接口等数字经济前沿技术和产业发展献智出力。在杭州"六小龙"现象引发海内外热议时，省发展规划研究院迅速调集精干力量，组织课题组，撰写文章，从不同角度研究、解读这六家科技企业成长的故事和背后的启示。

浙江省发展规划研究院

智者虑远，见微知著

2024年年末到2025年年初，深度求索、宇树科技、云深处、强脑科技、群核科技、游戏科学——六家原本在各自领域默默深耕的杭州科技企业，在短短数月内迎来了全球瞩目的集体爆发，成为诠释新质生产力的鲜活样本。这一充满戏剧性又暗含必然性的事件，不仅让AI等前沿技术成为海内外热议的话题，也让杭州"六小龙"这个概念广为传播。这六家企业聚焦AI、机器人、脑机接口等前沿领域，并取得多项突破，奠定了杭州在新质生产力赛道的先发优势，甚至被外媒戏称为"神秘的东方力量"。

《孟子·公孙丑》中有句名言："虽有智慧，不如乘势；虽有镃基，不如待时。"强调了抓住时机的重要性。对于省发展规划研究院这家已经走过40年风雨历程的智库单位来说，此时必须发声，积极回应这类社会前沿、焦点问题。但应该如何发声？怎样才能让文章立足现实、面向未来，既有深度、又有厚度？

省发展规划研究院的墙上挂着一幅书法作品，上面写着"出思想 出成果 出人才"——这9个大字，成为全院矢志奋斗的目标，其中，"出思想"是智库最核心的价值、最鲜明的底色。

在责任感与使命感的激励下，省发展规划研究院领导作出决定，这篇关于杭州"六小龙"的文章，一定要写！而且要持续跟踪！

"出思想出成果出人才"

调查研究,"深挖一百米"

既然决定了要写这篇文章,接下来面临的就是"写什么"的问题。研究杭州"六小龙"现象初期,确定选题主要存在两点困难。一是信息渠道相对有限,研究初期,关于杭州"六小龙"的资料仅有较为零散的新闻报道、企业发布在社交媒体上的信息等,想要深入了解其发展历程、技术创新、商业模式等信息,并非易事。二是行业发展具有动态性,杭州"六小龙"所处的AI、机器人等前沿领域发展迅速,技术和市场情况瞬息万变,在研究初期,很难准确把握其最新动态和未来发展趋势。

综合以上两点,课题组成员在经过数次讨论后一致认为,现阶段就行业或产业发展本身谈论杭州"六小龙"的成功经验,或许还为时尚早。那到底写什么呢?这个时候,"调查研究"这一智库人的基本功、拿手活就派上了用场。

省发展规划研究院牢牢秉持调研工作要"深、实、细、准、效"的五字原则,建立了"深挖一百米"的调研机制,聚焦重点区域、重点行业、重点企业、重点人群,设立一批调研基地并上线"智慧调研"场景,依托调查研究成果出新思路、新方法。

本着对企业"无事不扰"的原则,课题组通过网络采访为主、实地调研为辅的方式,与杭州"六小龙"相关负责人分别进行交流。在对话过程中,课题组发现六家企业拥有许多不谋而合的共性。比如:深度求索的梁文锋、云深处的朱秋国、群核科技的黄晓煌,三家企业的创始人都毕业于浙江大学。再比如,杭州"六小龙"在创业期间大多曾收到来自杭州产业基金、财政资金等的雪中送炭般的帮扶;而各家企业的创始人也不约而同地表达了对杭州这座城市的喜爱,他们表示，杭州的生活节奏不快也不慢，杭州政府创造了足够包容的土壤，城市具有良好的自然人文环境……用一句话概括就是"杭州适合搞科研"。

经过如此"深挖一百米"的调研，课题组有了答案，关于杭州"六小龙"的研究，就聚焦杭州的创新生态！

以文铸魂，炼就"五字诀"

"谋定而后动，厚积而薄发"，锚定写作方向后，接下来就是怎么写的问题。

省发展规划研究院位列全国工程咨询行业智库型单位影响力50强第二，在浙江省社科联公布的全国影响力建设智库中名列首位。作为这样一家聚焦前沿的智库型单位，写出的调研文章"守正"是根基、本源和前提，要提供前沿的知识、严密的逻辑、理性的判断，也要能经得起实践检验，经得起人民群众提问；"创新"则是追求的目标，课题组决心打破常规思维模式，注重文章的结构布局、标题构思、内容观点甚至遣词造句等方面的创新。课题组深知，只有将守正和创新有机结合，文章才能兼具科学性和吸引力，做到启智育民、发人深省，否则很容易被淹没在信息的汪洋大海之中。

经过深思熟虑，课题组从传统文化中汲取灵感，创新性地引入"金木水火土"概念。具体而言，"金"指政府扶持企业发展的真金白银；"木"指根深叶茂的创新人才森林；"水"指交汇融通、如同水系一般的液态创新网络；"火"指接续不断的创新火种；"土"指悉心厚植的创新沃土。课题组通过化用五行概念，实现文章的跨界融合，将相对抽象的创新要素具象化，便于读者理解。与此同时，在文章最后，课题组分析了"金木水火土"各要素之间的循环相生、协同赋能，解析了政府是如何与市场实现"双向奔赴"，进而实现从"要素堆积"到"生态繁荣"的全面升级。

于是，一篇关于杭州"六小龙"的调研文章——《"六小龙"何以扎堆出现？课题组细数杭州的"金木水火土"》应运而生。

浙江省发展规划研究院以"全国一流　全球视野"为目标

走进《中国经济大讲堂》，地方智库有担当

文章于 2025 年 2 月 17 日于澎湃新闻发表后，被多家主流媒体以及多地政府微信公众号转载，截至 2025 年 3 月底，全网阅读量累计超过 100 万，受到广泛好评。这一数据折射出全社会对杭州创新生态的深度关切，也为智库研究提供了珍贵的实践样本。

随着文章影响力的不断扩大，浙江省内外政界、商界、学界、媒体及基层等各界人士纷纷联系课题组，有的诚挚邀请课题组参与交流研讨，希望能够深入探讨杭州"六小龙"现象背后所蕴含的发展逻辑和经验；有的则着眼长远合作，期待与课题组携手，共同探索更多具有前瞻性和实践价值的研究路径；还有如《中国新闻周刊》、《南方》杂志等媒体，组织调研组赴省发展规划研究院进行实地调研，深入了解相关情况。

与此同时，杭州"六小龙"现象的热度一直居高不下，中央广播电视总台《新闻联播》也"点赞"杭州创新发展活力，播出《新思想引领新征程 | 杭州坚持科技创新引领 发展活力奔涌》，报道杭州坚持科技创新，经济社会发展活力奔涌。2025年开年后的杭州，平均每天诞生280多家企业，有超过70件专利获得授权，近1700万元资金投向初创型科技企业。四足机器人昼夜不停奔跑测试，向悬崖峭壁、荒漠雪山等极端地形条件发起挑战；新一代智能仿生手具备了温度、压力感知功能，将在今年迎来大规模量产；而爆火的国产开源大模型DeepSeek更是迎来各个行业的接入热潮。报道的最后对杭州大量投入科创基金、推进技术转移转化工作、"无事不扰，有求必应"的服务理念等进行了充分肯定。

在社会各界热烈讨论杭州"六小龙"现象的背景之下，2025年2月13日，省发展规划研究院接到来自中央广播电视总台财经频道《中国经济大讲堂》节目组的任务，希望结合地方智库对企业具体情况的了解，以及对省、市具体政策的洞察，跳出单个企业，从更高层次上讲述杭州"六小龙"的故事。时任省发展规划研究院院长吴红梅高度重视，和节目组商议，拟以"创新之地的创新逻辑"为主题，解析杭州的创新底蕴及成功经验，共同探讨创新之城如何持续发展。

接到这一重要任务后，省发展规划研究院调动精干力量，进一步深化对杭州"六小龙"的调研，为演讲做准备。那时，杭州"六小龙"由于受到社会各界的高度关注，企业每日马不停蹄地接受 10 余个考察团的探访。在此情况下，省发展规划研究院得到了浙江省委宣传部、杭州市委宣传部、浙江省发改委等部门的大力支持；杭州"六小龙"中的各家企业也高度配合，使课题组得以与群核科技董事长黄晓煌以及宇树科技、强脑科技、云深处等企业的领导进行座谈交流，收集了更多的一手资料。

通过对六家企业的深入调研，课题组从不同角度更加深入地了解了这些科技企业的成长故事及其带来的启示，并整理为演讲所需的课题资料。

2025 年 2 月 17 日，受时任省发展规划研究院院长吴红梅委托，副院长兰建平带领院内相关工作人员，赶赴中央广播电视总台进行录制。兰建平与节目组一起对细节进行了充分打磨，最终，兰建平以"创新之地的创新逻辑"为题，向全国观众奉上了一场生动的演讲，让更多人了解了杭州"六小龙"，也了解了为何它们能诞生于杭州。

在后期影片制作过程中，《中国经济大讲堂》节目组高度负责、力求完美，对各个细节进行严格把控，克服了时间紧张、质量要求高等诸多困难；而对于制作中遇到的一些棘手问题，例如部分时间跨度较长的对比分析数据获取困难，省发展规划研究院和相关企业、部门积极配合，充分调动资源实现共享，顺利解决困难，确保了视频制作呈现最佳效果。

这场关于杭州创新逻辑的演讲播出后，取得了很好的效果，激发了全国嘉宾和观众的共鸣。演讲结束后，不少企业家、学者纷纷表达了对杭州创新模式的高度认可，演讲不仅展示了杭州科技创新的活力，也让更多人看到了中国科技创新的无限可能。

　　社会各界的关心、关注、信任与厚爱，给了课题组莫大的鼓舞，直接催生了我们创作《创新之地的创新逻辑：智库解读杭州"六小龙"》这本书的想法。本书作者为兰建平、陈知然、刘堂福、李杨、周雪、石士鹏、王佳见、刘隆、俞翔、蒋凯、华小昕、侯利。在创作过程中，各位作者通力合作：兰建平、陈知然负责统筹、审核和统稿工作，并分别撰写了序二和结束语；刘堂福、俞翔对本书的策划、修改提出了重要意见，并邀请潘云鹤院士撰写了序一；"写在前面的话"由石士鹏撰写；正文第一章由王佳见、俞翔撰写；第二章由蒋凯撰写；第三章由周雪撰写；第四章由李杨撰写；第五章由刘隆、侯利撰写；第六章由陈知然、华小昕撰写。同时感谢灵伴科技（杭州灵伴科技有限公司）创始人祝铭明、每日互动（每日互动股份有限公司）创始人方毅、凌迪科技（浙江凌迪数字科技有限公司）创始人刘郴、中医聪宝（杭州聪宝科技有限公司）创始人顾高生应邀为本书撰写了自白。我们希望通过透视热点，寻求热点背后的规律，并预判未来发展的趋势，为读者提供更加客观、理性、深入的思考；同时，也希望呈现一些具有针对性和可操作性的政策建议，为各地发展提供更多有益的借鉴和启示。

目 录

第一章 闻声寻龙：国家调研组赴杭州考察 ... 1

    一、爆发前夜，"创新浙江"建设如火如荼 ... 2

    二、悄然出水，杭州"六小龙"集体爆发引热议 ... 9

    三、杭州"六小龙"受到持续关注，国家调研组赴杭考察 ... 11

第二章 见龙在田：走进杭州"六小龙" ... 15

    一、深度求索：AI大模型的性价比革命 ... 16

    二、宇树科技：站上科技春晚大舞台 ... 21

    三、强脑科技：以"中国方案"重新定义人机共生边界 ... 28

    四、云深处：工业场景的智能革命 ... 35

    五、群核科技：重塑物理世界和数字世界的边界 ... 41

    六、游戏科学："第九艺术"的创新突围 ... 46

第三章 飞龙在天：它们何以"化龙"腾飞 ... 51

    一、跨越国界：技术、市场与人才的全球协奏 ... 52

    二、青春破界：颠覆性思维与创新势能的澎湃跃迁 ... 56

    三、技术破茧：从追赶者到引领者的硬核蜕变 ... 60

67　四、十年铸剑：技术积淀与战略定力的坚毅守望

71　五、无界赋能：技术驱动行业的跨界融合与重构

75　第四章　龙兴于渊：为什么是杭州

76　一、数字基因：从"风景天堂"到"硅谷天堂"

85　二、"阳光雨露"：我提供阳光雨露，你负责茁壮成长

92　三、创新沃土：完善"科创—孵化—场景—产业"的创新全链条

98　四、"真金白银"：积极投入产业基金、财政资金助力企业发展

103　五、人才森林：培育根深叶茂的"创新人才森林"

109　六、文化底蕴：创新创业基因点燃接续不息的"创新火种"

115　第五章　龙门待跃：下一批"六小龙"在何方

116　一、创新"沙丁鱼效应"正在显现

122　二、"小龙"的背后是千千万万条"小鱼"

126　三、冲出创新创业的危险丛林

135　第六章　云起龙骧：期待与展望

136　一、提炼范式：构建可复制的生态体系

141　二、保持清醒：既要肯定成绩，也要认识到差距与风险

145　结束语

149　杭州科创企业 CEO 的自白

165　后记

第一章

闻声寻龙：国家调研组赴杭州考察

在中国文化中，龙是祥瑞、力量和智慧的象征，常与成功和繁荣联系在一起。因此，人们常把那些发展迅猛、呈现出蓬勃向上态势的事物、人物赞誉为"龙"。

新时代新征程上，我国经济发展正稳步迈入高质量发展阶段，全国各地纷纷寻求新的增长点和新的发展突破口。所谓"寻龙"，其实就是寻找那些走在时代前沿的引领者，学习他们的丰富经验。

龙行必有迹，寻声觅龙影。人们寻寻觅觅，最终发现：龙飞凤舞处，必有吉祥土。只有在充满活力的沃土之上，才能孕育出时代的引领者。而杭州"六小龙"，正是诞生于这样一片"吉祥土"之上。

一、爆发前夜，"创新浙江"建设如火如荼

■ "六小龙"诞生于杭州绝非偶然

在六家企业受到世人瞩目之前，以 AI 为代表的数字技术早已成为新一轮国际竞争的重点领域，而杭州正是最早拥抱数字技术、数字经济的城市之一。在"八八战略"指引下，历经 20 余年发展，以数字技术为核心引擎，引领科技创新发展，杭州陆续取得了一批亮眼的成果：2012 年，成为全国首个免费开放 Wi-Fi 的城市；2015 年，获批设立中国（杭州）跨境电子商务综合试验区；2019 年，获批建设国家新一代人工智能创新发展试验区……多年来，杭州建设了梦想小镇、云栖小镇等一批数字领域特色小镇；聚集了阿里巴巴、海康威视、网易（网易股份有限公司）等一批数字经济领军企业；形成了智能物联、智能制造、智能健康等标志性数字产业集群；不断优化营商环境和服务理念，打造出一片创新的热带雨林……可以说，杭州正持续向着"数字经济第一城"高歌猛进。

2024 年，浙江吹响了加快建设创新浙江的号角，杭州积极响应浙江省委、省政府号召，营造大兴科技、大抓创新的浓厚氛围，为建设

杭州始终致力于打造一片创新创业的热土（杭州市滨江区委宣传部徐青青 摄）

创新活力之城注入新内涵。

多年来，杭州靠着真抓实干的决心、锐意进取的精神，打造出一片创新的热土，为后来杭州"六小龙"的腾飞打下了基础。梳理发展脉络，杭州主要从以下几个方面为创新创业热潮做足了准备。

■ 从"单点突破"到"全面开花"

回顾杭州的工业化发展历程，曾涌现出杭氧集团（杭氧集团股份有限公司）、杭汽轮集团（杭州汽轮动力集团股份有限公司）等著名企业；21世纪之后，以"阿里系[①]"为代表的一批数字经济企业迅速成长。这一时期，创新活动大多在企业内部发生。

杭汽轮集团自主研制的50兆瓦重型燃气轮机，堪称装备制造业"皇冠上的明珠"（杭汽轮集团 供图）

近年来，杭州积极推进科技创新体系建设，从企业自发组织创新的"单点突破"，逐渐呈现高水平创新平台体系化建设"全面开花"的态势。杭州已初步构建起战略科技力量矩阵：国家实验室、国际大科学计划实现零的突破；全国重点实验室不断建设，逐步挺进国家战略

---

① 阿里系：以阿里巴巴为核心，涵盖其旗下众多关联企业和业务板块所形成的庞大商业体系。

科技力量"主力军团"。随着杭州在科技创新上的投入持续增加，在进一步夯实企业科技创新主体地位的同时，城市基础研究水平得到大幅提升，城市整体创新能力、创新水平也不断攀升。2024年，世界知识产权组织公布《2024年全球创新指数报告》，杭州凭借国际专利申请量领先优势，以单个城市作为独立科技集群连续3年排名全球百强科技创新集群第14位，成为全球十五大科技集群之一。

从数字经济建设到五大产业生态圈成形

杭州是全国数字经济先发城市，在一以贯之的政策引领下，以平台经济为代表的杭州数字产业活力持续迸发，数字化对产业的塑造不断加深。

2024年，杭州数字经济核心产业营收突破2万亿元，实现增加值6305亿元，占全市GDP比重达28.8%，创历史新高。同时，杭州不断推动产业升级，已初步构建起智能物联、生物医药、高端装备制造、新材料和绿色能源等五大产业生态圈，并着力发展视觉智能、集成电路、合成生物技术、机器人等超过20个重点产业链，以促进产业的高端化发展，行业领军企业不断集聚。

围绕五大产业生态圈，一批以云计算、大数据、物联网、智能硬件为代表的龙头企业在杭州快速成长。如：智能物联领域的海康威视、浙江大华等企业已经成长为全球性龙头企业；全球生物医药领域巨头美国辉瑞公司、默沙东公司等也纷纷布局杭州。杭州由此积累形成产业集群化发展新优势，产业生态活力持续涌现。

■ 从打造"硅谷天堂"到擦亮"创新天堂"名片

杭州在 21 世纪初就确立了打造"硅谷天堂"这块城市名片的目标，并朝着这一方向不断建设。

近年来，杭州坚定实施创新驱动发展战略，创新要素不断集聚，终于成为创新创业的一片热土。杭州正逐步从"硅谷天堂"，升级为人才、资金、数据等高端创新要素集聚的"创新天堂"。

在人才方面，杭州深入实施西湖明珠工程、外籍"高精尖缺"人才认定标准试点等工作，连续 14 年入选"外籍人才眼中最具吸引力的中国城市"榜单。

在科技创新和金融支撑方面，杭州积极整合现有存量基金，形成总规模超过 3000 亿元的"3+N"基金集群，重点为五大产业生态圈的新质生产力企业提供强有力的要素保障。

此外，杭州加快激活数据要素的乘数效应，依托杭州数据交易所、数据流通交易专网、数据合规流通数字证书以及之江链构成的"三数一链"体系，降低了数据流通交易的成本，形成数据流通交易的低成本区域。杭州还利用数据流通交易专网保障数据的安全高速传输，通过数据合规流通数字证书确保数据交易的合规性，以及利用区块链技术实现数据交易存证的互认，构建全流程的数据流通交易治理体系。例如 2024 年 4 月，杭州"中国数谷"就推出了数据要素"改革沙盒"，通过构建数据制度空间，为进入"改革沙盒"的企业提供包容审慎的必要机制保障。这一探索，也为全国数据要素改革探索提供了可复制的经验。杭州还建立了全国首个数据要素流通合规中心——"中国数谷"数据要素流通合规中心，并组建"中国数谷"数据要素合规委员会，加快推动数据领域的制度创新。

杭州高新区（滨江）"中国数谷"（杭州市滨江区委宣传部徐青青 摄）

▆▆ 从体制机制改革到创新环境系统性重塑

杭州是靠打"创新牌"、吃"改革饭"、走"开放路"发展起来的，通过大胆探索符合时代特征的新制度、新机制，实施一系列人无我有、人有我优、行之有效的创新实践，孕育了蓬勃的经济发展活力，打造出了全国领先的优质营商环境。

杭州一直坚持深化国家营商环境创新试点建设，经过连续 7 轮迭代，推进了 900 余项改革创新举措，不断提升营商环境市场化、法治化、国际化水平。在全国工商联公布的万家民营企业评营商环境调查结论中，杭州已连续多年上榜，营商环境受到民营企业的普遍认可。

与此同时，杭州坚持大联合、大协作的科普工作机制，不断提升公民科学素质水平，营造尊重科学、崇尚科学家精神的城市人文环境，建设了上城区"院士巷"、植物园"院士路"、湘湖"院士岛"、桐庐"富春院士村"等一批城市科学文化标志。

杭州一贯重视对知识产权的保护，近年来保护水平再上新台阶。杭州全面构建了数字经济产业知识产权大保护格局，2023 年成为首批国家知识产权保护示范区建设城市；2024 年 1 月，杭州市数字经济产业知识产权保护中心正式挂牌运行，对知识产权的保护水平更上一层楼。

可以说，正是由于杭州多年以来持续不断地深耕细作，从企业实际需求出发，改良营商环境，激活创新创业氛围，才有后来杭州"六小龙"乘势而上，于此地迎来腾飞的繁荣景象。

二、悄然出水，杭州"六小龙"集体爆发引热议

2025年伊始，一篇深度报道杭州"六小龙"的文章《枪响在2018：神秘东方力量，为何扎堆杭州》引发广泛关注。文章以杭州近年来涌现的科技创新企业为线索，从人才、生态、政策等角度深入剖析了杭州的成功之道。此后，杭州"六小龙"的成功被多家主流媒体报道，并引发全球热议。

如《澳大利亚金融评论报》在2月17日的文章中称，被合称为"六小龙"的六家杭州公司正颠覆美国AI霸权；彭博社在一篇题为《DeepSeek的家乡成为中国AI宇宙的中心》的文章中认为，杭州这座城市具备科技热点崛起的所有典型特征——充满活力的创业企业文化、大量的民间和政府资金，以及当地大学培养的强大人才库。

值得注意的是，与上一代互联网巨头更多基于商业模式创新不同，杭州"六小龙"是在技术驱动下，向更底层、更基础的硬核科技领域进军：深度求索的大模型DeepSeek以低成本快速迭代震惊行业，用不到十分之一的资源实现了比肩同类大模型OpenAI-o1的推理能力；宇树科技的B2-W四足机器人出货量在全球市场占比超过70%，还得

到了埃隆·马斯克的"点赞";云深处的"绝影"X30四足机器人展现出强大的全地形适应能力;强脑科技的非侵入式脑机接口技术为残疾人和孤独症儿童提供了有效的康复解决方案,成为全球脑机接口领域的佼佼者;群核科技以"三维实时渲染+AI设计"重构家居产业,构建了全球最大的三维室内设计平台;游戏科学的《黑神话:悟空》以过硬的质量收获大量好评,并斩获TGA(The Game Awards)"最佳动作游戏""玩家之声"两项大奖,成为首款畅销全球的国产3A游戏。

从DeepSeek开源模型打破AI大模型垄断,到群核科技以数据集助力全球机器人训练,杭州"六小龙"的技术成果正成为"全球公共品",打破了"中国只能跟随创新"的刻板印象,向全球技术霸权格局发起强有力的冲击,更逐渐让"AI普惠"从口号变为现实。

除了在科技领域一鸣惊人外,杭州"六小龙"的崛起还引发了多个领域的连锁反应。DeepSeek-R1大模型的发布给全球股市带来巨大冲击,美国芯片巨头英伟达公司股价历史性暴跌,一度下跌近17%,一日内市值蒸发近6000亿美元,创下美股单日市值损失的历史纪录;而多支与AI、大数据、云计算相关的概念股则表现抢眼,2025年春节后均出现强势上涨,市场资金追捧热情高涨。

除了金融市场,杭州"六小龙"的"出圈"甚至给杭州的房地产市场也注入了"强心剂"。2025年春节后,杭州新房、二手房、租房市场的找房热度均节节攀升,可见城市的高新产业尤其是AI产业的发展已然成为人才关注的焦点之一。

三、杭州"六小龙"受到持续关注，国家调研组赴杭考察

2025年年初，关于杭州"六小龙"的大量报道引起了国家部委的高度关注，并于1月中旬迅速组织调研组来到杭州，在省发展规划研究院的全程陪同下进行了深入而全面的考察。

在为期两天的调研行程中，调研组不仅实地考察了六家企业以及阿里巴巴等互联网巨头，还与浙江大学、西湖大学、白马湖实验室等高校及科研院所的技术转移机构，杭州各级政府部门，以及灵伴科技、西湖心辰（杭州）科技有限公司、杭州联汇科技股份有限公司、五八智能科技（杭州）有限公司等一批初创科技企业进行了多场座谈。通过深入交流，调研组了解了这座城市创新活力的源泉从何而来，为何如此众多的科技成果短时间内在这里集中爆发。

调研组在考察过程中了解到，"六小龙"之所以能在杭州扎根、壮大、腾飞，源于杭州多年积淀的创新发展底蕴的厚积薄发。一系列前沿成果的出现与杭州持续稳定的数字经济政策供给密不可分。

当调研组问及，是杭州的什么特质吸引了企业，并促使其决定在

此落地生根时，企业提到最多的就是"营商环境""创新生态"等关键词。正是"无事不扰、有求必应"的服务理念、开放包容的创新氛围、真金白银的长期支持，这诸多要素环环相扣，才有了今日杭州"六小龙"的大放异彩。

调查组两天的行程安排得满满当当，辛苦的同时也觉收获颇丰，大家在调研中形成了共识：杭州"六小龙"的爆发看似偶然，实则是杭州数十年深耕创新的必然结果。杭州在落实国家战略及浙江省委、省政府重大部署上，既能做到完成不打折扣，又善于抢抓机遇、因地制宜，推动城市创新能级、产业竞争力蝶变。

调研组形成的这种共识无疑是符合实际的。

2012 至 2016 年，是杭州创新土壤的原始积累阶段，杭州抓住了浙江省委、省政府关于部署建设杭州城西科创大走廊、特色小镇等重大平台的机遇，真抓实干、快速推进，如今的城西科创大走廊已成为杭州最核心的创新策源地，而梦想小镇、艺尚小镇、物联网小镇等一批典型特色小镇也横空出世。

2016 至 2018 年，是杭州创新爆发力的积蓄阶段。以数字经济为基础，紧扣国家未来产业发展，杭州在脑机接口、机器人、生物制药等领域前瞻布局，强脑科技、游戏科学、百应科技（浙江百应科技有限公司）、数澜科技（杭州数澜科技有限公司）等一批拥有过硬技术实力的科技企业落地杭州。杭州还在创投基金、融资担保等要素供给方面持续加力。例如，梦想小镇设立了产业创投基金，对优质初创项目给予最高百万元级无考核基金资助。

2018 至 2024 年，杭州再次抓住国家大力发展 AI 产业的机遇，多年积累的创新能量迎来爆发。这一时期，杭州的独角兽企业从 26 家增

第一章 | 13
闻声寻龙：国家调研组赴杭州考察

梦想小镇（未来科技城管委会 供图）

长至 43 家，准独角兽企业从 105 家增长至 382 家，可以称得上爆发式增长。而大家热议的"六小龙"，其实只是杭州科技企业的冰山一角，这片创新热土所孕育的绝不只有这六家具有代表性的科技企业，更有千千万万株科技的幼苗在这片土地上茁壮成长，且有不少已展现出未来可能成为参天大树的潜力。这一方多年耕耘形成的肥田沃土，让科技之树根深叶茂，生生不息。

第二章

见龙在田：走进杭州"六小龙"

"见龙在田"从字面意思上理解，是指龙出现在田野上，象征有新生事物崭露头角。在中国传统文化中，龙代表着阳刚、力量和变化，而田野则象征广阔的空间。

杭州，在多方持之以恒地努力建设下，早已成为具有广阔发展空间、良好发展前景的创新之城；而杭州"六小龙"，正是在这片希望的田野上被孕育、培养直至壮大。尽管它们已经取得了相当耀眼的成绩，但其蕴藏的发展潜力是无穷的。只要给予耐心与关怀，假以时日，"小龙"或将成长为"巨龙"。

一、深度求索：AI大模型的性价比革命

> 深度求索是一家以算法效率革新为核心竞争力的中国AI企业。通过量化投资基因与AI技术融合，开创了"低成本、高精度"的颠覆性路径。依托动态稀疏计算、混合专家架构（MoE）等核心技术，深度求索仅用550万美元的训练成本就成功开发出千亿参数大模型DeepSeek-R1，其综合性能达到国际顶尖水平，可对标OpenAI的ChatGPT-4o。这一突破不仅证明了算法创新的巨大潜力，也为全球AI行业提供了可借鉴的高效训练范式。

■ 技术奇点：550万美元的颠覆性创新

"参数不是越多越好，关键看怎么用。"

深度求索用物理学的场论重构了混合专家架构，将专家选择粒度细化到神经元级别。在大规模多任务语言理解（MMLU）测试中，这

种"原子级专家划分"使相同参数量下的理解准确率显著提升，同时也使模型训练效率大大提高。正是这项技术的突破，让DeepSeek-V3仅用约280万GPU小时就完成训练，而同类模型通常需要数千万GPU小时。

深度求索采用的"3D（数据/模型/流水线）+ZeRO-1数据并行"方案，创造了千亿参数大模型仅用10余天就训练完成的行业纪录，堪称效率"神话"。通过对数据/模型/流水线的三维切分，再配合动态负载均衡算法，深度求索在万卡集群上实现了80%以上的线性加速比。这种接近极致的优化程度让人惊叹"他们把每块GPU的潜能榨取到了物理极限"，极大地降低了大模型训练和应用的成本。

据行业测算，DeepSeek-V3训练成本仅550万美元左右，而OpenAI公司训练ChatGPT-4o所花费的训练成本为7800万美元左右，甚至可能高达1亿美元，双方的成本至少相差10倍。

开源风暴：重构全球AI生态

2025年1月20日，深度求索宣布了一个重磅消息——开源DeepSeek-R1模型权重，允许用户通过蒸馏技术借助DeepSeek-R1训练其他模型。

此消息一出，立即在全球开发者中引发了一场"大地震"。这种"透明化革命"直接冲击了AI产业传统的闭源模式，截至2025年3月，已有数万名开发者参与到深度求索的开源生态中，衍生出超5000个行业定制模型。在美国，除了Meta公司的LlaMA大模型外，大部分顶级AI大模型都是闭源的，而采取开源策略的深度求索就像一个"破局者"。开源意味着，任何人都可以从深度求索提供的网站上自行下载与部署模型，网站还提供了详细说明训练步骤与窍门的文档，可谓诚意十足。当美国公司在为试图进入 AI 领域的竞争对手设置尽可能多的障碍时，中国公司却向全世界敞开了技术的大门。

更重要的是，深度求索的开源策略营造出了一个充满活力的开发者社区，这种社区驱动的创新模式，加速了 AI 技术的迭代和演进。许多由社区开发者贡献的行业定制模型，其性能甚至超越了深度求索官方团队开发的初始版本，展现了开源协作的巨大潜力。这种蓬勃发展的开源生态，如同一个巨大的创新工厂，从中源源不断地涌现出新的想法和应用，为国内乃至全球 AI 产业的繁荣注入了强大的动力。

此外，深度求索的开源策略极大地降低了 AI 技术的应用门槛。对于许多缺乏足够资金和技术实力的中小企业、初创企业和科研机构而言，这一策略让它们可以直接利用开源的 DeepSeek-R1，在其基础上进行二次开发和应用创新，而无须从零开始，投入巨额研发成本和大量时间。这种"站在巨人肩膀上"的模式，有效缩短了 AI 技术的落地周期，加速了 AI 技术在各个行业的普及和应用。

总结而言，深度求索的开源行动，真正体现了其"技术平权"的理念，让更多人能够分享 AI 技术带来的红利，并切实推动了全球数字经济的包容性发展。

▎ 产业重构：从实验室到千行百业

随着 DeepSeek-R1 的发布及后续的开源行动，深度求索正让 AI 技术以前所未有的深度和广度影响着产业格局、重塑着产业模式。

以我们常接触的教育领域为例，在传统作文教学中，学生往往面临反馈滞后、教学形式单一等痛点。深度求索与纳米盒平台合作开发的"AI作文辅导"工具,通过多模态理解实现了教学范式革新。比如,当学生描写春天的池塘时,该辅导系统不仅能润色文字,还能生成对应意境的插画,并关联课文《荷塘月色》进行知识点延伸。这种"音文同步+跨模态学习"的模式,使作文教学效率大大提升,也让学生的作文学习体验更加丰富、生动。

而在与每个人都息息相关的医疗领域中,DeepSeek大模型同样发挥了积极作用。杭州市第一人民医院通过应用DeepSeek大模型,实现"1分钟AI初筛+医生复核"模式,检测灵敏度达98.2%。例如某患者的肺结节案例中,AI能够标记出高危结节,从而帮助医生缩短确诊时间至1天内。医院方表示:"DeepSeek大模型与云影像的结合,不是替代医生,而是让AI技术成为医生的'超级助手'。AI快速筛选可疑病例,医生集中精力攻坚复杂诊断,这是精准医疗的未来!"

浙江省中医院医生利用嵌入DeepSeek的AI助手制作病例(浙江省中医院 供图)

■ 未来蓝图：构建通用 AI 的全球生态体系

DeepSeek-R1 已展现出强大的多语言处理能力。未来，深度求索将继续升级技术，进一步加强对视觉、听觉、触觉等多种模态数据的融合研究，打造能够理解和处理更复杂现实世界信息的通用模型。结合其在自然语言处理和视觉处理领域的积累，企业有望在机器人、自动驾驶等领域取得突破性进展。

实现大模型推理能力的进一步跃升也是深度求索未来发展的重点。深度求索已经通过引入专家混合技术和思维逻辑链，显著提升了模型的推理能力；接下来，深度求索还将继续探索更先进的推理机制，例如与神经符号主义的融合，使大模型具备更强的逻辑推理、规划决策和知识应用能力，从而在科学研究、复杂问题求解等领域发挥关键作用。

此外，深度求索在大模型效率上一贯追求极致，其采用的众多创新技术已大幅降低了大模型的训练和推理成本。但深度求索没有停下脚步，正继续探索更高效的算法和系统架构，例如新型神经网络结构、存算一体化等。企业希望能通过提升大模型效率，降低 AI 应用的门槛，使其能够在更广泛的场景中部署和应用。

深度求索还将致力于构建安全可信赖的 AI 技术体系，在模型安全与可解释性领域重点突破对抗性攻击防范、隐私保护等关键技术，通过开发透明化模型架构和可解释性工具提升系统可靠性；同时积极参与 AI 伦理规范建设，围绕数据隐私保护、算法公平性等核心议题推动行业标准制定，确保技术发展符合伦理准则。

为支撑 AI 产业的可持续发展，深度求索持续深化产学研合作，通过校企联合培养机制，不断向社会输送复合型 AI 技术人才，助力中国在全球 AI 竞争中保持技术领先优势，实现"科技向善"的长期发展目标。

二、宇树科技：站上科技春晚大舞台

> 宇树科技专注于高性能四足、人形机器人及灵巧机械臂的自主研发与生产，是一家以电驱动革命和全栈自研能力重塑全球机器人产业格局的中国创新型科技企业。企业创始人王兴兴凭借低成本技术方案，打破了美国波士顿动力公司的技术垄断，将四足机器人价格从百万元级降至万元级，推动机器人从实验室走向规模化商用。企业通过垂直整合供应链（自研电机、控制器、减速器）和敏捷开发模式，构建起"硬件先行＋算法迭代"的"双轮驱动"技术壁垒，被视为"具身智能时代规则定义者"。

■ "草根"创业：从大学生宿舍走上春晚舞台

大学生宿舍是王兴兴的第一个"秘密实验室"，他在这里用 200 元造出了四自由度双足机器人。从这个稚嫩的实验品开始，王兴兴一步步创造出全球四足机器人市场的霸主——宇树科技。至今，王兴兴办公室的玻璃柜里还陈列着这个粗糙的模型，玻璃柜上刻着他的人生信条："每个伟大的产品都始于看似不可能的疯狂想法。"

2013年，全球四足机器人行业因液压驱动技术垄断，单台成本超50万元。这种情况让当时正在上海大学读研的王兴兴产生了一种另辟蹊径的想法："液压驱动技术是造飞机的，我要造的是人人都能开的轿车。"基于这样的想法，他开始潜心钻研电机设计，最终研发出外转子无刷电机，将四足机器人成本压至万元级别，而性能却丝毫不差，能比肩行业标杆。

王兴兴带着他的技术与梦想创立了宇树科技，他的舞台也越来越大，最终从大学生宿舍走向了2025年的央视春晚舞台：16台由宇树科技研发的H1人形机器人手持红绸帕，完成了高难度的秧歌舞蹈表演《秧BOT》，其灵活的表现引发全国观众的热议，"宇树科技"这四个字一夜之间走入了普罗大众的视野。这些身高1.8米的钢铁舞者，搭载了宇树科技自研的M107关节电机和3D激光雷达，并通过基于力矩补偿的快速放线算法实现每秒30帧的动态平衡控制，当红绸帕抛掷高度达3米时，机器人的视觉感知系统便会以毫米级精度捕捉其运动轨迹，通过多机协同算法将动作同步误差控制在0.1秒内，这便是宇树科技的机器人能够在节目中完成如此高难度、高精度表演的秘诀。

《秧BOT》节目的问世，打破了公众过往对人形机器人"机械感""生硬"的刻板印象，这些会扭秧歌的机器人深受观众喜爱，而隐藏在精彩节目背后的，是机器人运动控制能力的跃升、多机协同技术的突破和视觉感知系统的升级。这场表演不仅是技术实力的展现，更象征着中国智造从追赶到引领的跨越。

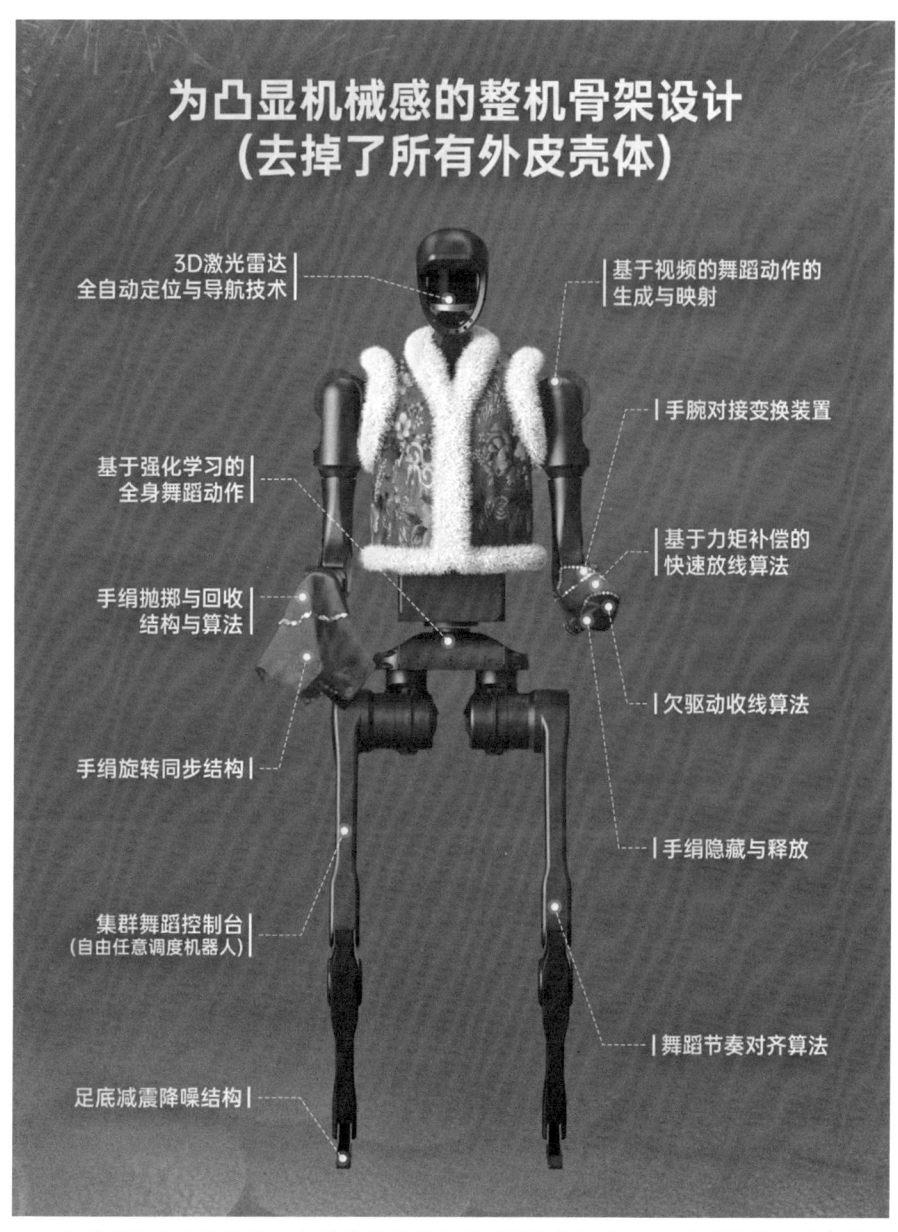

为凸显机械感的整机骨架设计
（去掉了所有外皮壳体）

- 3D激光雷达全自动定位与导航技术
- 基于视频的舞蹈动作的生成与映射
- 基于强化学习的全身舞蹈动作
- 手腕对接变换装置
- 手绢抛掷与回收结构与算法
- 基于力矩补偿的快速放线算法
- 手绢旋转同步结构
- 欠驱动收线算法
- 手绢隐藏与释放
- 集群舞蹈控制台（自由任意调度机器人）
- 舞蹈节奏对齐算法
- 足底减震降噪结构

为呈现最佳表演效果，宇树科技采用多项"黑科技"改良 H1 人形机器人（宇树科技 供图）

■ 技术突围：打破技术霸权，重新定义机器人成本逻辑

当波士顿动力公司还在液压驱动路线上持续押注，大量投入研发力量时，宇树科技选择了完全不同的赛道。

2017年，宇树科技推出的Laikago四足机器人，采用自研的直驱电机替代传统液压系统，将单关节成本从3万元压缩至5000元。这项颠覆性创新源于王兴兴对技术趋势的深刻洞察，他认为："液压系统就像蒸汽机，电机驱动才是内燃机革命。"降低成本的同时，通过"行星减速器+谐波减速器"的复合传动设计，宇树科技将关节扭矩密度提升至120N·m/kg，远超行业平均水平。

在成本控制上，宇树科技也可谓做到了极致。在G1人形机器人的研发中，工程师张明阳带领团队创造性地用三指力控方案替代传统五指设计，"我们拆解了2000次人类抓握动作，发现三指结构能满足绝大多数工业场景需求，成本却能降低一半左右"。这种"够用就好"的实用主义哲学，让G1人形机器人的定价得以锚定9.9万元，这一石破天惊的定价在行业内引发震动，宇树科技也被戏称为"价格屠夫"，该产品出货量迅速登顶全球榜首。

在宇树科技看来，控制成本并不意味着要牺牲质量。他们在技术上不断创新，构筑起全栈自研这条"护城河"。

宇树科技在机器人核心零部件、运动控制、机器人感知等多个领域积累了深厚的技术实力，公司具备全链条自主研发能力，涵盖电机、减速器、控制器、激光雷达等核心部件，以及高性能感知与运动控制算法，企业已累计申请国内外专利180余项，其中授权专利超过150项。核心部件国产化率达90%以上。

■ 产品生态构建：从泰山"挑夫"到直播间"网红"

宇树科技已拥有能应用于多种复杂场景的不同型号机器人产品。随着在各行各业、各类场景中的应用逐渐普及，宇树科技旗下的各类机器人也承担了更多种类的工作，特别是其能够在复杂户外运输和精细工业巡检等领域发挥关键作用，推动着工业场景的"智能革命"。

例如，在海拔近1600米的泰山玉皇顶，就有宇树科技旗下机器人的身影——或许就在此时，B2四足机器人正驮着数十公斤的摄影器材，在泰山陡峭的台阶上攀登。这款搭载IP68防护等级认证的"钢铁骡子"，静态承重达120公斤，4—6小时的续航能力使其单日运输量相当于4名挑夫的运输量。而在山东钢铁集团有限公司的智慧工厂内，宇树科技的H1人形机器人已投入高炉喷煤区域巡检作业，可在1秒内识别突发障碍并调整路径，实现±0.1毫米的操作精度。

而在消费市场，宇树科技同样实现了"破圈奇袭"。正如前文所说，宇树科技的"硬核创新"使四足机器人成本从百万元级降至万元级，其在2024年推出的Go2四足机器人售价更是不足万元，远低于行业同类产品价格，真正开启了消费级机器人时代。

打开购物平台直播间，你就能看到Go2四足机器人正在上演一场"商业魔术"：它先以连续后空翻点燃直播间观众的热情，接着用内置语音模块喊出"3，2，1，上链接！"，最后它驮着口红样品完成"最后一米配送"。这种"技术+娱乐"的跨界融合，让单场直播带货转化率提升18%，更推动Go2四足机器人系列产品年销量突破5万台。

宇树科技对产品生态的构建，并不局限于工业场景或消费场景。正如《秧BOT》节目中，H1人形机器人被命名为"福兮"，谐音"伏羲"，寓意科技与传统文化的深度融合；思考如何通过充满科技感的机

Go2 四足机器人（宇树科技 供图）

器人来传递、表现传统文化之美，也是宇树科技追求的目标之一。该机器人经过特别设计的机械骨骼造型，与真人舞者形成科技与人文的视觉对话，这种创新表达毫无疑问收获了大众认可，让宇树科技和旗下产品实现"破圈"，成为春节期间炙手可热的大明星。

尽管大众可能是通过《秧BOT》节目才认识了宇树科技，但其用科技传递传统文化的尝试，很早便开始了。2022年北京冬奥会开幕式上，109台Go1四足机器人精彩亮相，它们默契配合，拼出"冬奥"字样；而在杭州第19届亚运会上，四足机器人又承担起运输铁饼的工作，敏捷的身姿给人留下了深刻印象。可以说，宇树科技的机器人正逐步成为中国文化对外传播的一种全新载体。

未来蓝图：重构全球机器人产业格局

在全球机器人产业蓬勃发展的浪潮中，宇树科技在牢牢维持自身价格优势、技术优势的同时，不断突破，逐步勾勒出宏伟的未来蓝图。

2024年11月，宇树科技开源了其研发的G1人形机器人的操作数据集，该数据集合了5项核心操作任务，提供640×480像素的视觉采集信息及七自由度机械臂运动参数。次月，宇树科技又宣布向开发者社区开放完整的机器人训练体系，不仅涵盖强化学习的完整训练架构，还包含虚拟仿真迁移与虚实系统衔接的核心代码，相关技术方案已通过H1、G1人形机器人双平台的实践验证，能显著提升算法部署效率。

2025年2月，宇树科技通过自研模块化关节与柔性装配系统，单位成本较2024年下降30%左右，其G1人形机器人的量产成本不到特斯拉人形机器人Optimus的一半。在感知技术这一关键领域，宇树科技积极开展跨界合作，与华为强强联合，合作研发鸿蒙机器人套件，该套件通过多模态传感器融合实现毫米级的环境识别精度，大幅提升了机器人在复杂环境中的感知能力。

通过"核心部件自主化+上下游联动+政策赋能"的三位一体模式，宇树科技正带动国产机器人产业链升级。宇树科技与上海宝山区、上海大学共建的上海宝山上大通用智能机器人研究院，聚焦具身智能与人形机器人两大前沿领域，致力于建立"基础研究—技术攻关—场景验证—产业孵化"全链条创新体系；《"十四五"机器人产业发展规划》带来的政策红利，更推动宇树科技的四足机器人全球市场占有率突破60%。正如全球著名风险投资公司红杉资本所言："宇树重新定义了硬科技创新的中国路径。"

三、强脑科技：以"中国方案"重新定义人机共生边界

> 强脑科技由哈佛大学脑科学中心博士韩璧丞创立，是一家以非侵入式脑机接口技术革新为核心的全球领军企业。通过对柔性电极材料的技术突破与量子滤波算法，企业构建了"神经信号——智能交互"的全新范式；独创无创脑电信号高精度解析技术，将脑机接口从实验室推向规模化商用。作为全球唯一与美国脑机接口领域领军企业 Neuralink 融资规模并列的脑机接口企业，强脑科技正以"中国方案"重新定义人机共生边界，技术覆盖 47 个国家，成为硬科技赛道的"破壁者"。

■ 创业初衷：用脑机科技改变真实世界

一个人迈出实现理想的第一步，往往是出于兴趣的驱动。

2011 年，诺贝尔生理学或医学奖得主琳达·巴克关于嗅觉神经的

研究深深震撼了韩璧丞：原来气味、触觉、视觉，这些习以为常的感知，竟然可以通过神经信号被"编辑"和"重现"。这让他开始畅想，如果能直接与大脑对话，是否能让失明的人看见世界，让失聪的人听见音乐，甚至让残障人士重新"触摸"生活？

脑机接口是人、动物大脑与外部设备之间建立直接连接的路径，可以实现大脑与外部设备之间的信息双向交换。韩璧丞意识到，这种技术可以充分应用在医疗、工业等领域，为人类社会带来巨大变革。在仔细思考和研究了实验逻辑之后，韩璧丞决定深入研究脑机接口领域。

脑机接口技术分为侵入式与非侵入式，侵入式是指将连接设备植入脑内以获得精确的信号，但这也意味着接受植入者可能面临慢性神经炎症、局部脑组织损伤等风险；而非侵入式无须开颅连接，只需通过外部设备来捕捉大脑信号，虽然更加安全，但这种技术的缺点也很明显，那就是对脑内信号进行高精度采集十分困难，需要在无数的噪声里找到有用的脑电信号。以 ±50 微伏的脑电信号为例，如果要采集准确的脑电信号，就像在喧嚣嘈杂的海边听 50 公里外蚊子拍动翅膀的声音，判断蚊子是按什么路径飞的。

经过深思熟虑，韩璧丞团队最终选择以非侵入式产品作为自己的研究方向。尽管研究的道路总是充满未知与挑战，但因为心怀梦想，所以韩璧丞从来不停下脚步。通过不懈努力，他带领强脑科技的研发团队在脑机接口底层技术方面取得了一系列重大突破。例如：传统脑电信号采集需涂抹导电膏反复清洁头皮，用户体验堪比"在头皮上进行科学实验"；而强脑科技在 2017 年独创的固态凝胶电极技术，采用纳米级导电材料直接接触头皮，信号采集精度达医疗级的 95%，佩戴便捷性更是堪比智能手表。

2019年，强脑科技研发的一款智能仿生手被美国《时代》周刊评选为2019年"百大发明"之一，并将其刊登在了杂志的封面。这款智能仿生手应用了强脑科技自主研发的"TS-F+多模态触觉传感器"，有着比传统产品更高的灵敏度，能够识别独有材质，感知空间维度，能对柔性、易碎物品采用自适应力抓取；同时，能精准完成握笔、倒水、抓鸡蛋等精细动作。来自青海的男孩小东在意外中失去双手，在安装了强脑科技研发的智能仿生手后，自主生活能力得以提高，新的科技让小东重燃生活的信心。

智能仿生手能帮助残障人士提高生活质量（陈晓驰 摄）

▪ 产品矩阵：重构人机交互的"三重宇宙"

作为一家在脑机接口技术上具有深厚积淀的企业，强脑科技凭借对各类脑机科技的不断探索，逐渐建设起自己的产品矩阵，在多个领域引领着人机交互的新局面，为众多群体带来了切实的福利与发展机遇。

在医疗康复领域，强脑科技大显身手，联合中国残联推出公益项目，已为全国数百名像小东一样的截肢患者免费安装智能仿生手，大大方便了他们的生活。智能仿生手可以识别 30 多种材质并感知低至 0.01 牛顿的微小压力，再通过非侵入式"电子皮肤"技术模拟触觉反馈，用户便能够通过智能仿生手感知物体硬度与温度的变化，体验得到极大提升，用户表示在使用中的感受更接近真正的手了。2022 年，这款产品通过了美国食品药品监督管理局认证（FDA 认证），成为全球首个获批的非侵入式脑机接口医疗器械。

此外，强脑科技也在家用消费领域进行了探索，例如企业研发的"海豚睡眠仪"是一款形似眼罩的设备，能通过波诱导技术调节佩戴者的睡眠周期。临床数据显示，佩戴这款产品的用户平均入睡时间缩短超过半小时。该设备集成了自适应降噪算法，可在 65 分贝噪声中精准提取睡眠纺锤波，睡眠分期准确率超 90%（与三甲医院多导睡眠监测仪相当）。

■ 生态赋能：开源战略催生创新裂变

和深度探索、宇树科技一样，面对激烈的市场竞争，强脑科技非但没有选择深藏若虚、闭起门来搞开发，反而采用开源战略，让更多开发者参与进来，激发出更大的创新能量。

2020 年强脑科技发布的 BrainOS 操作系统（支持第三方开发者生态）堪称"脑机界的安卓系统"，该系统将神经信号解析封装成标准化应用程序接口，宣告人机交互领域进入里程碑式的新阶段。目前，该

智能仿生手与研学团的小朋友猜拳互动（魏志阳 摄）

开源社区已吸引近 2 万名开发者，孵化出数百个相关创新应用。

强脑科技还与华为、北京中软国际教育科技股份有限公司共同签署神经电信号 AI 创新 & 实训中心领域合作协议，三方发挥各自优势，在培育脑机接口行业人才和科创研究领域展开全面合作。一方面，强脑科技的产品将搭载华为的鸿蒙系统生态硬件和昇腾一体机，打造神经电信号 AI 创新 & 实训中心方案，助力脑机科技创新；另一方面，三方也将联合打造适合职业院校 ICT（信息与通信技术）相关专业学生开展智能软硬件开发的实践套件，引导学生设计丰富的脑机接口应用和实训，为行业培养自主创新技术、高素质技术技能人才积极贡献力量。通过三方强强联合，真正满足"AI+ 脑机接口 + 场景"的市场需求。

从这种开源战略、跨界合作中也能看出强脑科技"野心勃勃"——他们还有更宏大的目标：要打造脑机科技领域的"中国方案"。

在强脑科技总部展厅的"未来实验室"，工程师正在测试量子滤波算法——这项突破性技术能在珠穆朗玛峰级的极端环境下保持脑电信号传输稳定，甚至实现电磁暴环境中的无损通信。这项技术一旦实现突破，截肢患者甚至能通过智能仿生手还原书法笔锋的微妙力道，钢琴师可精准复现触键的力度曲线。而其自研的"开星果"脑机接口社交沟通训练系统，针对孤独症谱系儿童本源性的脑神经发育障碍，尤其是社交脑神经活动，进行实时闭环的反馈训练，促进大脑神经的可塑性，并帮助提高传统行为训练的效率。其最新专利"基于脑电波的情

强脑科技扎根具身智能领域，产品矩阵日渐壮大（强脑科技 供图）

绪共享系统",允许孤独症儿童的父母通过头环感知孩子的情绪波动,这项技术被《自然》杂志子刊评价为"打开了共情传递的量子通道"。

强脑科技凭借对技术研发的执着深耕与不懈探索,赋予科技以人文的温度,真切帮助特殊群体改善了生活,正是新时代科技企业敢于担当的最佳体现。

四、云深处：工业场景的智能革命

> 云深处是一家四足机器人领域的领军企业。自成立以来，凭借"浙大系"产学研深度融合的创新基因，云深处开创了"场景驱动式技术迭代"的中国智造范式。通过自主研发的动态平衡控制算法和J系列高扭矩关节模组，云深处打造出全球首款适应极端温度的工业级四足机器人"绝影"X30。创始人朱秋国以"学术研究—产业验证—标准制定"三位一体模式构建技术壁垒，与国家电网等巨头合作，大幅减少了变电站全自主巡检成本，旗下产品覆盖全球20国。

■ 技术破壁：攻克工业落地的"三座大山"

在2024世界机器人大会现场，云深处自主研发的"绝影"X30四足机器人从2米高台跌落时的瞬间灵巧翻身、平稳落地，精彩表现引发观众阵阵惊呼。

"绝影"X30绝佳的反应力和灵活性源于云深处独创的"强化学习+模型预测控制"算法架构,通过仿真环境中超800万次的海量跌落训练,最终使得"绝影"X30能像猫科动物般利用惯性调整落地姿态。与此同时,其自研关节模组J100扭矩密度达35N·m/kg,超越波士顿动力公司旗下同类产品的28N·m/kg,而云深处的产品成本仅为波士顿动力公司的五分之一。

"绝影"系列机器人作为云深处的拳头产品,并非只会表演"花拳绣腿",而是有着"真功夫",在实际场景中的应用十分广泛。或许就在某个雨夜,你家附近的国家电网某换流站里,就有"绝影"X20的身影,它们正在暴雨中兢兢业业地执行巡检工作,为电网安全提供保障。能顺利执行这种工作,得益于其搭载的128线激光雷达与红外热成像仪,能在能见度不足5米的环境中构建厘米级精度三维地图,通过多模态融合算法识别0.1摄氏度的温度异常。这项突破源自云深处与浙江大学联合实验室共同研发的"Sim-to-Real"技术——在数字孪生系统中模拟300种恶劣天气后,"绝影"X20对真实场景的识别准确率从65%提升至98.7%。

而在2025年山西某煤矿透水事故中,"绝影"救援机器人更是深入井下300米,通过声波成像定位被困人员,并自主规划出避开塌方的救援路径,为救援行动提供助力的同时,也减少了救援人员要面临的风险。"它不只能执行指令,更是具备现场决策能力的'数字矿工'",在现场指挥的应急管理部门领导这样感叹。这种决策能力得益于云深处开发的"脑—眼—腿"协同架构,边缘计算单元处理传感器数据,云端知识库提供行业经验,协同实现复杂环境下的自主判断。

产品矩阵：重新定义工业生产力

在当今工业领域，科技的创新正不断改写着生产力格局。云深处以其丰富的产品矩阵，为工业生产带来了新的变革与提升。"绝影"系列机器人就像一位身兼数职的多面手，在不同复杂场景中都展现出了过硬实力。

南方电网的统计数据显示，"绝影"系列机器人参与巡检工作后，变电站夜间巡检效率提升400%，每年减少高风险人工作业1.2万小时。在台风"木兰"过境期间，珠海某变电站的"绝影"X30连续工作18小时，发现7处设备隐患，避免直接经济损失超千万元。

在新加坡，地下30米深处的综合管廊中，"绝影"X25正穿行于蛛网般的管线之间。由于搭载了360度旋转机械臂与声波探伤仪，它能在直径1.2米的狭窄空间内完成燃气管道焊缝检测，通过毫米波雷达识别0.2毫米级裂缝。云深处与中建科工集团有限公司联合开发的"管廊三维重构系统"，将传统人工巡检7天的工作量压缩至8小时，定位精度达±3厘米。"这相当于给城市的'地下生命线'装了CT机"，项目总工程师指着机器人实时传回的建筑信息模型说道。这项技术已在北京城市副中心管廊应用，渗漏预警准确率高达99.3%。

在危险作业中，"绝影"系列机器人更是超越人类极限的机械战士。在浙江"应急使命·2024"演习中，"绝影"系列机器人通过搭载的高精度探测仪，顺利完成侦查火场温度、辐射热强度、有毒有害气体及障碍物情况等任务。而云深处与杭州景业智能科技股份有限公司联合开发的用于水下检测的机器人，更是突破了60米水深作业极限，在海底管道巡检中实现亚毫米级裂缝识别。

如今，各种型号的云深处自主研发的机器人在电力巡检、地下管廊、危险作业等多种工业场景中，以出色的表现证明了自身价值。它们不仅大幅提升了工作效率，降低了安全风险，还为工业生产的精细化、智能化发展带去了新动力。

云深处自主研发的"山猫"全地形越野机器人（云深处 供图）

■ 生态构建：从单点突破到系统革命

当前，企业的竞争早已不再局限于单一产品或技术的比拼，生态构建成为推动行业进步、拓展发展边界的关键路径。云深处从多个维度构建产品生态，开启了从单点突破迈向系统革命的征程。

云深处是一家积极拥抱开源战略的公司，其"绝影"Lite3 四足机器人提供全开源软件开发套件工具包，支持开发者基于机器人操作系统（ROS）进行运动控制、环境感知等功能的二次开发。其开源代码在全球最大的代码托管平台 GitHub 上累计获得超 2 万次开发者 fork（开发者进行的复刻），并被清华大学、爱丁堡大学等高校用于人工智能算法与运动控制研究。

在浙江大学"具身智能"课堂上，学生们也可以通过云深处提供的教育套件，训练四足机器人完成跨栏挑战。依托浙江大学石虎山机器人创新基地，云深处还构建起了多学科交叉的科研生态：集聚机械、控制、计算机等学科团队，开展仿生机器人、医疗机器人等跨领域攻关，日均开展 30 多次多模态测试。这种产业反哺教育的模式，已培养出 300 余名专业人才。

面对国际市场，云深处也进行了积极布局，实现产品出海。新加坡能源集团监控中心里，来自杭州的"绝影"X30 正用"新加坡式英语"汇报管廊巡检结果。这体现的是云深处的本地化战略：针对东南亚多雨气候开发防潮版本，并结合当地需求定制语音交互模块。

2024 年，云深处同时拿下新加坡、韩国、美国、德国等国家的订单，推进四足机器人在海外的商业化行业项目落地。这也是国产四足机器人首次落地海外巡检应用市场，此前这一市场被美国及欧洲的四足机器人牢牢把持。

站在 2025 年的技术高地回望，从 2017 年创立至今，云深处用 8 年时间完成了从实验室原型到工业级产品矩阵的蜕变。在最新的战略发布会上，创始人朱秋国展示了一组彰显技术实力的数据：公司的研发投入资金占比连续多年保持 23%，远超波士顿动力公司的 18%；其中，2020 年研发投入资金占比更是达到"每赚 1 元投入 9 毛"的极致，2022 至 2024 年，年均以 30% 的营收反哺研发。

凭借持续迭代自身掌握的 200 余项专利，云深处核心电机效率较国际竞品提升 15%，形成显著技术优势。当"绝影"系列机器人在核电站、变电站、矿山与海洋深处稳定执行任务时，这场始于钱塘江畔的技术革命，正以扎实的场景化解决方案，在全球工业场景中书写着从技术突围到价值落地的文明新篇。

五、群核科技：重塑物理世界和数字世界的边界

> 群核科技是一家以 GPU 集群与 AI 技术深度融合重构物理世界与数字空间交互范式的中国空间智能领军企业。自公司成立以来，通过物理级真实渲染引擎和合成数据驱动的创新路径，形成了以实时设计平台酷家乐为核心，从三维建模到工业生产的全链路数字化闭环，使家居设计交付周期从 30 天缩短至 7 天。作为杭州"六小龙"中首个申报港股 IPO 的企业，群核科技正以"设计即生产"模式重塑家居、建筑、机器人等产业的智能化未来。

▮ 技术破壁：物理世界的数字化革命

科技企业想要真正站稳脚跟，就得靠实打实的技术突破。群核科技潜心研发，聚焦技术攻坚，力求在物理世界与数字世界之间搭建起

创新桥梁。

在跨境电商领域，传统场景图的需求量很大，但制作需要两周时间拍摄和修图；而采用群核科技自主开发的启真（渲染）引擎，商家仅需上传产品模型，即可"一键生成"带模特和场景的逼真渲染图，效率较传统方式提升 14 倍。

能实现这一技术突破源于群核科技扎实的技术沉淀。启真（渲染）引擎 3.5 版本首次将渲染加载时长从 40 秒压缩至 9 秒，实时渲染速度提升至 2 秒一次，4K 图像和视频导出效率提高 3 倍；同时，通过光线追踪技术，能精准模拟 99% 的物理材质，包括清漆层等以往很难精准呈现的复杂效果，甚至结合 AI 攻克了有机物（如人体、植物）真实感渲染的难题。

在照明设计中，传统方式需要多个软件协同使用，分别生成效果图、伪色图和照度图，而启真（渲染）引擎支持 3 种图同步生成，并通过景深效果和动态光源参数，还原真实光影环境。这种技术突破不仅赋能了家装设计产业，还被用于影视预演、机器人仿真训练等领域，成为数字孪生的底层基础设施。群核科技能取得一系列技术突破的关键在于万卡 GPU 集群算力的运用，以及将计算机图形学与深度学习结合的创新架构，使"所见即所想"从概念落地为产业工具。

■■ 数学模型：构建虚拟世界的驱动引擎

除了启真（渲染）引擎，群核科技还拥有第二台"发动机"——矩阵（CAD）引擎。

通过矩阵（CAD）引擎，定制家居企业可以将设计师方案转化为工厂数控指令，误差率降至 0.5% 以下，交付周期缩短 60%，客单价提升 40%。这一革命性成果依赖三大技术模块：几何参数化引擎将设计图转化为结构化工程数据；百亿参数的多模态 CAD 大模型解析空间结构（如柜体尺寸、管线布局），输出可执行的工业方案；BIM 引擎则打通设计与生产链路，自动完成工艺适配、公差校正等环节，形成"设计—施工—交付"闭环。

设计人员输入一张 CAD 图纸，矩阵（CAD）引擎可自动识别门窗、梁柱等元素，并生成符合力学规律的三维模型，甚至模拟家具开合轨迹、家电操作逻辑。这种能力已延伸至建筑、汽车制造等领域。例如群核科技与广联达科技股份有限公司合作开发 BIM 协同系统，实现了从图纸到施工的数字化贯通。

运用群核空间智能数据平台开展的具身智能仿真环境训练（群核科技 供图）

而矩阵（CAD）引擎的终极目标，是将物理世界的复杂性转化为可计算、可预测的数学模型，推动智能制造从经验驱动转向数据驱动。群核科技 CEO 陈航将群核科技定位为一家以 GPU 集群和 AI 技术为底座的科技公司，在过去数年的技术沉淀中，公司构建了一套物理正确的世界模拟器，而启真（渲染）引擎与矩阵（CAD）引擎作为旗下两台重量级"发动机"，正帮助行业逐渐打破物理世界和数字世界之间的界限。

■■ 生态构建：从工具到操作系统的蜕变

数字技术正加速重构产业生态。在这一背景下，群核科技从设计工具出发，逐步构建起覆盖技术开源、人才培养、全球布局的完整生态体系。其发展路径不仅反映了中国科技企业的成长逻辑，也为行业提供了从单一产品向系统化服务转型的样本。

在英伟达 2025 年度 GPU 技术大会上，群核科技自主研发的空间理解模型 SpatialLM 正式宣布开源，该模型的应用效果"就像我们环

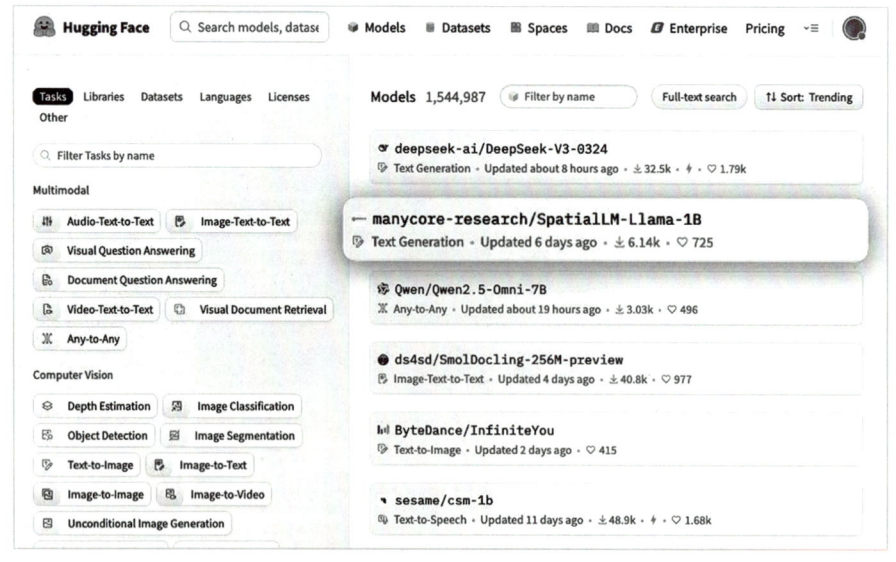

宣布开源后，SpatialLM 登上全球最大 AI 开源社区 Hugging Face 趋势榜第二位（张云山 供图）

顾四周环境便可以理解背后的空间结构一样",群核科技如此比喻。简单而言,给 SpatialLM "刷"一段视频,它便能生成物理正确的三维场景布局。目前该生态已积累 300 余个行业解决方案,涵盖智慧城市、文化遗产数字化等领域。

诸多创新技术的开发与落地都离不开人才支撑,群核科技非常重视人才培养,旗下的群核科技(酷家乐)教育板块,紧密围绕院校设计类专业建设和人才培养需要,以本科院校教学审核评估标准和职业院校新一轮双高建设指标为指引,同合作院校全面深入开展课题共研共建工作。

群核科技的生态构建模式已延伸至国际市场。群核科技(酷家乐)教育板块已覆盖全球超过 3000 所院校,与海外院校积极开展战略协作和交流合作,取得海内外多项产学研成果;2020 年迪拜世界博览会的中国馆里,群核科技用 Coohom 平台(酷家乐国际版)设计的"云上中国"展区惊艳世界。Coohom 平台主攻美国、韩国、日本及东南亚市场,覆盖全球 200 多个国家和地区,支持 14 种语言,累计注册用户超 6500 万,合作品牌企业超 4 万家。

"我们不是要替代设计师,而是让每个人都能参与创造。"这句群核科技首席科学家周子寒在 2025 年浙江省数字经济百人会上的发言,或许正是中国空间智能崛起的"终极密码"——依靠科技的力量,或许未来人人都可以通过群核科技提供的平台参与设计、创造,激发出每一个人的创新潜力。

当启真(渲染)引擎在元宇宙社区中复刻出钱塘江潮水的朵朵浪花,这家来自杭州的科技公司,正在通过一次次技术革新重新划定数字世界与现实世界的疆界。

六、游戏科学："第九艺术"的创新突围

游戏科学是一家以科学化开发范式重构中国游戏产业格局的标杆企业。游戏科学以"技术理想主义+文化深度表达"双引擎驱动，开创了"工业化开发流程+艺术化叙事创新"的开发模式。企业通过基于虚幻引擎5的技术突破和AI动态叙事生成，打造出中国首款现象级3A大作《黑神话：悟空》。该作品以《西游记》为内核，融合现代美学设计，上线Steam游戏平台首日，在线玩家人数峰值即突破222万，并带动杭州文旅、硬件产业联动增长。作为杭州"六小龙"中唯一的文娱科技企业，游戏科学以IP生态跨界和全球化发行策略重构产业边界，国内、国际影响力日益提升。

技术破壁：以数字技术重现古迹风貌

在数字技术日新月异的当下，各个领域都在借助技术之力实现突破与变革，游戏产业也同样如此。《黑神话：悟空》之所以能在几乎被外国大作垄断的单机游戏领域杀出重围，也正得益于游戏科学对数字技术的极致追求与灵活运用。

在《黑神话：悟空》中，虎先锋战斗时飞扬的鬃毛与灵虚子静立时随风轻颤的皮毛，无一不让玩家仿佛触碰到了真实生灵的呼吸。细腻的毛发动态背后，凝结着开发人员的技术心血——每一根毛发由数千个多边形构成，通过实时物理模拟，精准计算风力、碰撞与惯性，甚至能根据角色动作幅度调整毛发的疏密与弯曲角度。游戏科学团队更创新性地将中国工笔画中的"丝毛技法"融入算法，使毛发在光影下呈现出水墨画般的层次感，既符合生物的客观规律，又赋予东方神话角色独特的艺术神韵。

《黑神话：悟空》优秀的画面表现令玩家的游戏体验沉浸感十足（游戏科学 供图）

游戏科学对技术的突破不止于动态模拟。玩家操控的游戏主角"天命人"的铠甲纹理，从锈迹斑驳的金属到磨损的皮革褶皱，均通过Substance Painter的智能材质库实现微观细节的堆叠。开发团队还扫描了山西古寺中千年佛像的鎏金表面，将其氧化痕迹转化为程序化纹理，让数字造物的岁月质感超越了传统贴图表现方式的极限。这种对物质肌理的极致追求，不仅让虚拟角色"活"了起来，更在数字世界中重构了中华文物的物质记忆。

《黑神话：悟空》游戏场景中对名胜古迹的精美重现令玩家们津津乐道。当玩家踏入有着唐代风格鸱吻塑像的破败庙宇，或仰望敦煌风格的巨型彩塑时，这些场景并非凭空想象：游戏科学团队深入五台山、云冈石窟等地，用激光扫描仪捕获了毫米级精度的古建筑三维数据。借助虚幻引擎5的Nanite虚拟几何系统，数十亿面的高精度模型无须减面即可实时渲染，连风化砖墙上剥落的彩绘残片都清晰可辨。这种技术让数字修复的名胜古迹既保留了岁月痕迹，又重现了其鼎盛时期的恢宏，为文化遗产提供了动态保存的新范式。

而光影的魔法则是游戏科学开发团队的另一项"绝活"。例如，为了表现最真实的光影，团队成员在杭州灵隐寺采集了不同时间的光照数据，将其编码为动态光源参数。游戏中阳光穿透古柏的丁达尔效应，岩洞中火把照亮壁画的漫反射，皆由实时光线追踪实现。当数字重建的千手观音像在晨昏交替中流转金光，虚幻与现实的界限被彻底打破——这不仅是对传统建筑的美学复现，更在虚拟空间中延续了古建筑与自然光影的千年对话。

角色面部表情的塑造是游戏制作中的一大难点，能否做出活灵活现、自然灵动的表情，极大影响着玩家的沉浸感。为了解决这一难题，游戏科学团队邀请京剧武生演员演绎角色"七十二变"时的神态变化，通过 4D 扫描仪捕捉面部 43 组肌肉群的毫米级位移，最终实现游戏中的生动还原。这种对传统戏曲程式化表情的数字化解构，让神话角色的情感表达既充满戏剧张力，又流淌着跨越媒介的文化基因。

产业破圈：开启中国文化产业变革新格局

《黑神话：悟空》的全球成功，标志着中国游戏产业正式迈入高成本、高体量、高质量的"3A 时代"。作为国内首部 3A 游戏，《黑神话：悟空》历时 7 年才开发完成，顶级画面技术与沉浸式叙事，打破了以往很多人对国产游戏"低质换皮"的刻板印象，更以超预期的销量和口碑带动了投资者信心，吸引更多厂商投入高规格游戏研发。《黑神话：悟空》用自己的成功证明，中国团队具备打造世界级 IP 的能力，中国市场也愿意为这样的好游戏买单；同时，也向全球游戏市场提供了"中式美学＋硬核品质"的新范式，推动国产游戏高质量发展。

《黑神话：悟空》最令人称道的一大特色，是通过前沿技术对传统文化进行创新表达，实现了"科技＋文化"的深度耦合。通过对技术的灵活运用，游戏科学将古建筑扫描、非遗元素等融入虚拟世界，打造出兼具东方美学与沉浸式体验的"数字《西游记》"。

这种全要素链式融合模式，突破了传统"文旅＋地产"的单一发展逻辑，为文化产业提供了"高质量数据采集—高效能技术生产—全球化内容输出"的新路径。游戏发售后，山西云冈石窟、应县木塔等取景地的旅游热度快速上升，玩家通过游戏场景与文旅地标的互动，形成了"虚拟＋现实"的文化消费新链路。而游戏中对《西游记》的现代重构——如金箍棒成长系统与《大唐三藏取经诗话》的鎏金铭文绑定——让年轻玩家在操作中自发研习典籍，实现了传统文化从被动接受到主动探索的转变。

《黑神话：悟空》在海外也收获了众多赞誉，让以往相对落后的中国单机游戏获得了国际认可。《黑神话：悟空》之所以能"出海"成功，很大程度上源于对文化符号的"普世化转译"。例如游戏中对孙悟空形象的"神性重塑"，既保留传统文化内核，又以现代叙事手法吸引海外受众；二郎神"BOSS战"则融入《二程遗书》的哲学思辨，通过非线性叙事引擎将"破执"机制设计为战斗核心，有海外玩家在游玩后受到吸引，甚至在网络社区发起"禅宗攻略研讨会"，形成跨文化的哲学对话。这种"技术为骨、文化为魂"的出海策略，突破了传统文旅宣传的单向输出模式，让中国文化以可交互、可体验的方式被全球受众接纳。

第三章
飞龙在天：它们何以"化龙"腾飞

杭州"六小龙"凭借在 AI、机器人、脑机接口等前沿领域的卓越表现，在全国乃至世界范围内受到关注后，有很多人在问：为什么是这六家企业能成为"六小龙"？它们"化龙"腾飞的"秘密"究竟是什么？我们发现，这些企业不约而同地展现出全球化、年轻化、硬核化、坚持长期理想主义等一系列相似的核心特质。

一、跨越国界：技术、市场与人才的全球协奏

2025年1月，云深处的"绝影"X30首次进入新加坡电力系统，承担地下隧道巡检任务。这款能自主穿越复杂地形的机器人，不仅是中国工业机器人出海的重要里程碑，更标志着杭州"六小龙"企业从技术研发到市场落地的全链条国际化能力已趋成熟。这一案例提示我们：技术研发立足本土，市场开拓放眼全球，人才网络横跨东西，如此方能谱写出一曲科技创新的国际协奏曲。

■ 技术跨国合作：从开源生态到标准共建

杭州"六小龙"的技术国际化路径突破了传统的单向输出模式，形成"研发协同—生态共享—标准主导"的闭环。以深度求索为例，其开源战略尤为典型，DeepSeek-V3不仅性能不逊于ChatGPT-4o，且成本远低于ChatGPT-4o，更构建起连接全球200余家科研机构的协作网络。这种开放性使得来自苏黎世联邦理工学院的研究团队能够改进其推理算法，而新加坡国立大学的学者则借此优化了多语言处理模块，中国企业的技术平台首次成为跨国智力资源的汇聚节点。在这

个过程中形成的模型评估体系，已被国际电气电子工程师学会（IEEE）采纳为基础标准，标志着该领域内中国的技术规范开始获得全球认可。

宇树科技在机器人领域的国际合作版图也在不断扩展，过去几年里，宇树科技的人形机器人产品在美国拉斯维加斯"科技春晚"全球消费电子展（CES）上屡获殊荣，成为行业内备受瞩目的焦点。借助英伟达 GPU 加速的机器人仿真平台，宇树科技自行研发的 AI 机器人算法使得 H1 人形机器人能够自主学习高速奔跑、多种高动态舞蹈动作，并持续探索更多动作的可能性；凭借其每秒 3.3 米的惊人运动速度，H1 人形机器人刷新了全尺寸人形机器人的速度纪录。这一卓越成就不仅为宇树科技赢得了业界的广泛赞誉，也成为英伟达在人形机器人领域的又一经典案例，是技术跨国合作的一次精彩呈现。

市场渗透策略：从产品出海到生态赋能

杭州"六小龙"的全球化布局呈现出"场景驱动、生态抱团"的鲜明特征，正在改写中国科技企业出海的商业模式。

群核科技的国际化路径堪称平台赋能的典范。其推出的 Coohom 平台通过为东南亚中小家具厂商提供"标准化设计工具 + 本地化场景包"的解决方案，不仅帮助当地企业实现数字化升级，更构建起"中国设计软件 + 东南亚供应链"的产业生态。这种"工具 + 服务 + 供应链"的出海模式，相比单纯产品销售更易形成竞争壁垒。截至 2025 年年初，群核科技的空间智能服务已覆盖超过 200 个国家和地区，总注册用户数超过了 5100 万，合作品牌企业接近 4 万家。

强脑科技的扩张路径同样引人注目。2022 年，其核心产品之一的智能仿生手获得美国食品药品监督管理局上市批准，成为首款进入欧美市场的非侵入式脑机接口假肢。这一突破不仅标志着强脑科技的技术实力得到了国际认可，还为其打开了欧美高端市场的大门；产品还与美国举重队、世界一级方程式锦标赛等建立合作，进一步提升了品牌的国际影响力。强脑科技与谷歌教育联合推出基于 Chromebook 的专注力训练装置，结合脑机接口技术与课程内容，进入巴西、西班牙等国家，实现了技术与教育的全球化融合。

人才交互机制：无国界的创新共同体

在全球化背景下，人才已经成为科技创新的关键因素之一。杭州"六小龙"在人才国际化方面的实践，为许多创新型企业提供了宝贵的经验。

这些企业通过构建全球化团队、引进国际顶尖人才、推动跨国协作，打破了地域、文化与技术的界限，成功塑造了无国界的创新共同体，它们不仅注重本土优势的发挥，更将全球视野与创新力量融合，推动技术研发与市场拓展走向国际化。

深度求索作为一家专注于基础模型研究的创新企业，在人才国际化战略方面展现了独特的眼光和实践。深度求索秉持硅谷式的自由创新氛围，通过创建国际化的团队环境，吸引了大量来自全球顶尖科技公司和研究机构的专家。特别是在人工智能和算法领域，深度求索的研发团队会聚了来自 Google Brain、Meta AI 等国际领先科技公司的人才。这些具有深厚背景和国际化视野的专家，为深度求索的技术突破提供了强大的支持。一位来自斯坦福大学的研究员在加入后表示："这里让我找回了学术研究的纯粹快乐，就像参与一场全球性的技术冒险。"这一评价恰恰体现了深度求索在全球化人才战略中的成功实践。

强脑科技创始人韩璧丞在哈佛大学攻读博士学位期间,便开始从事脑机接口技术的研究。2015 年,他与其他在美留学的中国学生组成初创团队,最初的成果孵化于哈佛大学创新实验室。这一背景为公司奠定了深厚的国际化基础。团队成员多来自全球知名高校和科研机构,具备跨文化的技术视野和国际化的科研经验。

杭州"六小龙"的实践证明:全球化不是选择题,而是必答题。它们的成功揭示了一条铁律——唯有将技术研发扎根于本土优势,将市场拓展锚定于全球需求,将人才网络编织于无国界协作,才能真正实现中国创新、世界共享。

二、青春破界：颠覆性思维与创新势能的澎湃跃迁

2025年2月17日，民营企业座谈会在北京召开。中央和国家机关有关部门、全国工商联负责同志、民营企业负责人代表等参加了这场分量十足的座谈会。会上，两张年轻的浙商面孔格外引人注目："90后"的宇树科技创始人王兴兴和"80后"的深度求索创始人梁文锋。他们的与会，不仅代表了以杭州"六小龙"为首的一批新兴科技企业，更是中国科创产业年轻化、国际化的缩影。

从新中国成立到改革开放，中国用不到百年的时间，基本走完了西方数百年的工业化发展历程。这一跨越式发展的背后，离不开一代又一代具有国际视野的年轻人，他们以青春为笔，以创新为墨，书写了中国科技产业的崭新篇章。

以"六小龙"为代表的杭州新兴科技企业，核心团队年轻化、高知化的趋势显著。这些企业不仅在技术领域取得了突破性进展，更以其颠覆性思维和创新能力，为中国科技产业的未来开辟了无限可能。青春破界的力量，正以一种前所未有的方式，推动着中国科技产业的蓬勃发展。

年轻团队的技术敏感性与颠覆性思维

有人说，方向比努力更重要。年轻人应该选择什么领域来实现自己的人生价值？每个人都有不同的答案，而杭州"六小龙"的年轻团队们选择了"ABCD"——人工智能（AI）、区块链（Blockchain）、云计算（Cloud Computing）、大数据（Big Data）。在这些前沿领域，他们展现出了非凡的技术敏感性与颠覆性思维。

以深度求索团队为例，其团队中的工程师和研发人员绝大部分来自清华大学、北京大学、浙江大学、中山大学、北京邮电大学等国内顶尖高校，超过80%的人员为硕士或博士，且大多数刚参加工作不久，平均年龄仅为28岁。正是这样一群年轻人，完成了对多头潜在注意力机制（MLA）、群组相对策略优化（GRPO）强化学习对齐算法等关键技术的突破，展现了年轻创业团队不可小觑的创新能力。

无独有偶，群核科技在2011年由3位"80后"创始人——黄晓煌、陈航、朱皓联合创立。他们都毕业于国内顶尖高校，又同在美国伊利诺伊大学攻读硕士学位，拥有高性能计算和计算机图形学背景，曾在英伟达、微软等顶尖科技公司工作。2011年，他们回国创业，有点像现实版的"中国合伙人"。凭借对技术趋势的敏锐洞察，群核科技推出了"物理世界模拟器"，通过GPU集群和物理正确渲染技术，彻底改变了传统设计行业的逻辑，成为全球空间智能领域的领军者。

从自然分工到灵活高效的组织模式

初创团队的年轻化，不仅带来了技术上的突破，也催生了组织模式的创新。深度求索没有传统企业的层级结构，而是按照目标组成小组，每个人负责自己擅长的部分，组内成员之间没有固定分工和上下级关系。这种被称为"自然分工"的模式，极大提升了研发效率。正如梁文锋所说："每个人都有自己独特的成长经历和想法，创新不需要push（督促），而是需要顺势而为。"

这种以人为本、激发潜能的组织文化，为年轻人提供了自由发挥的空间，也让创新成为一种自发的驱动力。在杭州"六小龙"中，扁平化的组织结构、开放式的沟通机制成为常态，团队成员之间平等协作，共同朝着创新目标迈进。这种灵活高效的组织模式，不仅适应了快速变化的市场环境，也为企业的持续创新提供了强大支撑。

此外，年轻团队的高效执行力也为企业带来了显著优势。相较于采用传统团队组织模式的企业，杭州"六小龙"从立项到产品落地的周期均大幅缩短，团队成员能够迅速将技术转化为产品，抢占市场先机。这种高效性，正是年轻团队在组织模式上的创新体现。

年轻团队的国际视野与使命担当

杭州"六小龙"的年轻团队不仅具备技术敏感性与创新活力，还拥有广阔的国际视野与强烈的使命担当。他们深知，未来的科技竞争不仅在国内市场，更在全球舞台。因此，从一开始，这些企业就将国际化作为核心战略，力图在全球科技领域占据一席之地。

以宇树科技为例，其创始人王兴兴虽为"90后"，但已带领团队成功研发出多款全球领先的机器人产品，并在国际市场上赢得了广泛认可。这种国际视野不仅体现在产品研发上，还体现在人才引进与合作伙伴的全球化布局上。通过与全球顶尖高校、研究机构建立合作关系，宇树科技持续吸引国际顶尖人才，为企业发展注入新的活力。

同时，杭州"六小龙"的团队成员虽然年轻，社会责任感、使命感却一点不少。他们不仅在技术领域追求突破，更关注技术如何反哺社会、造福人类。

例如，深度求索研发的智能算法被广泛应用于医疗诊断、金融风控等领域，为解决社会难题提供了技术方案；宇树科技机器人的身影出现在春晚舞台、亚运赛场，以低成本、高质量的产品让科技走进普罗大众的生活；群核科技的云设计软件平台 Coohom 作为中国软件企业经典案例被选入哈佛大学商学院必修课程；强脑科技一以贯之关注残障人士、孤独症儿童等群体，切实以科技改善他们的生活质量；云深处的机器人代替人类完成高危工作，保障人类安全；游戏科学以"第九艺术"为载体，传播中国传统文化……这种使命担当，正是年轻一代推动科技创新的深层动力。

这批年轻团队不仅展现了青春的力量，更传承了中国改革开放以来"敢为天下先"的精神气质。这种气质，既是中国科技产业蓬勃发展的缩影，也是年轻一代推动时代进步的象征。在未来，杭州"六小龙"将继续以青春破界的姿态，在技术变革的浪潮中引领方向，为中国科技产业的崛起贡献更多创新力量。正如比尔·盖茨和史蒂夫·乔布斯年轻时在硅谷点燃创新之火，中国的年轻一代也将在全球科技舞台上书写属于自己的传奇。青春无界，创新无限，这正是杭州"六小龙"留给这个时代最深刻的印记。

三、技术破茧：从追赶者到引领者的硬核蜕变

以杭州"六小龙"为代表的新兴科技力量，正以硬核技术重构全球产业竞争格局。它们的成功，不仅在于技术层面的突破，也在于创新路径的独特选择与战略布局。

■ 底层创新：深耕核心技术，筑起"护城河"

杭州"六小龙"的持续竞争力，源于对基础技术层的深耕，在关键领域构建起难以复制的技术壁垒。

宇树科技实现了机器人全产业链的自主可控，自研的 M107 关节电机扭矩密度超越了波士顿动力公司的同类产品；360 度全景深度感知模块成本降低至国际竞品的五分之一；自研的运动控制框架支持全地形自适应步态……累计 180 余项专利构筑起四足机器人领域最完整的技术"护城河"，为企业的长期发展提供了坚实保障。

强脑科技锚定方向，在非侵入式脑机接口技术方面取得了重大突破，牢牢稳住自身优势。例如，其自主研发的柔性纳米电极阵列将脑电波信号分辨率提升至 200 微伏；基于时空卷积神经网络的解码算法

实现 98% 的手部动作识别准确率……旗下的核心产品智能仿生手帮助许多截肢患者提高了自主生活能力，全球市场份额达 62%。强脑科技持之以恒对核心技术进行优化，不仅为患者带来了希望，而且为中国企业在脑机接口领域赢得了更多的国际话语权。

在空间智能领域，群核科技同样展现了中国企业的技术实力。通过构建 InteriorNet 数据集，AI 驱动的 BIM 建模工具将设计周期大大缩短；光子渲染技术实现光线追踪速度提升 40 倍；分布式存储系统支持万人级实时协同设计。这些底层创新，为群核科技稳居全球三维设计平台市场份额首位提供了坚实基础，更为全球空间智能领域的发展提供了重要支持。

前沿创新：技术引领的未来风向标

在技术迭代加速的智能时代，杭州"六小龙"在全球前沿领域树立了中国的创新标杆。宇树科技机器人精彩的春晚表演背后，是多项世界级前沿技术的集成突破。

例如，它们通过高精度 3D 激光雷达全自动定位与导航技术，让 16 台机器人实现了几乎零误差的队形变换，展示了其在多智能体协同技术上的深厚积累。此外，基于生成式对抗网络开发的舞蹈动作生成系统，能够实时解析音乐节奏并生成适配动作，突破了传统机器人动作编排的局限性。而专为转手绢设计的 19 自由度关节系统，突破了传统人形机器人在灵巧操作方面的极限水准，展示了中国企业在高端制造领域的前沿创新实力。这种将工业级技术"降维"应用于文化传播的实践，使中国机器人技术从实验室走向大众认知场景。

这一成功并非孤例，深度求索的 DeepSeek-V3 模型同样以非凡的技术突破惊艳世界。首先是核心技术领域突破，主要体现在混合专家模型架构优化、强化学习驱动的推理能力以及多模态与跨模态融合技术。

其次是成本效率的革命性提升。深度求索通过创新的混合专家架构和稀疏计算模式，显著提升计算效率的同时，让 DeepSeek-V3 训练成本仅为同类模型的十分之一至二十分之一；DeepSeek-R1 模型则采用纯强化学习技术，动态调整推理路径，无须依赖大量标注数据即可提升复杂任务的表现，性能接近世界顶尖闭源模型；通过混合精度训练和动态路由算法，将训练成本从数千万美元压缩至百万美元级别。

再次，深度求索通过开源策略降低了行业门槛，其开源了 70% 核心模型（如 DeepSeek-V3、DeepSeek-R1），吸引全球开发者参与优化，推动技术普惠，加速了金融、医疗等领域的本地化部署。

最后，是生态建设与战略创新。深度求索构建了"开源+专利"共生体系，通过开源扩大生态影响力，同时通过专利集群（如虚拟数据序列、分布式训练技术）保护核心技术，形成竞争壁垒。企业还与微软、阿里云（阿里云计算有限公司）等云计算厂商合作提供应用程序接口服务，并投资开源社区和培训计划，培养 AI 领域人才，推动生态可持续发展。这些创新不仅为全球 AI 产业树立了新的成本效率标杆，更揭示了中国企业在认知智能领域的强大竞争力。

作为杭州"六小龙"中唯一的文娱科技企业，游戏科学开发的《黑神话：悟空》取得全球成功进一步验证了中国科技企业的创新能力。应当注意的是，游戏科学同样通过多年技术沉淀，取得了一系列技术突破，为游戏的成功起到强大的推动作用：微表面散射光线追踪技术使单帧渲染多边形数量突破 2 亿；基于深度强化学习的非玩家角色行为系统创造了动态叙事体验；跨平台优化让游戏得以在电脑、主机、云游戏三端保持画面一致性……对新技术的追求与应用，让这款3A大作不仅屡获奖项，更推动中国游戏开发技术进入全球第一梯队。

杭州"六小龙"的成长轨迹，突破了"引进—消化—吸收"传统路径，展现了中国科技企业在自主创新上的不懈追求，最终实现从跟随者到引领者的惊艳蝶变。

■ 应用创新：新型生态模式百花齐放

在全球科技创新加速的今天，杭州"六小龙"凭借强大的技术创新能力，正在推动产业生态的重塑。它们不仅在各自领域取得了突破，更通过不同的创新模式，促进了技术与产业的深度融合，逐步构建了一个充满活力和多元化的创新生态系统。

强脑科技自创办以来便致力于脑机接口技术的研发，其技术不仅在医疗、教育等领域取得了显著进展，更在智能硬件和人机交互领域开辟了新的应用方向。通过与全球顶尖高校和科研机构的合作，强脑科技将最新的脑机接口技术应用于各类实际场景中，推动了人机协作模式的创新。尤其是在医疗康复领域，强脑科技的设备帮助患者恢复肢体运动功能，极大提升了社会效益。强脑科技的创新应用不仅展示了其在技术上的领导地位，也为行业提供了跨界合作和资源整合的新模式。

群核科技通过自研的设计平台酷家乐，为建筑、家居、装修等行业提供了全新的设计和服务模式。通过技术创新，群核科技将传统的设计行业数字化，为设计师提供了一种高效的新工具，赋予设计师更多的创作自由。其平台不仅突破了设计行业原有的局限，还将数据、

《黑神话：悟空》的火爆掀起线下文旅热潮，艺术展上展出的角色精美塑像吸引了众多游客。图为展出的天命人塑像（中国美术学院美术馆 供图）

第三章 飞龙在天：它们何以"化龙"腾飞

展出的猪八戒塑像（中国美术学院美术馆 供图）

AI、VR（虚拟现实）等技术应用于实际设计中，形成了一个跨行业协作、资源共享的全新生态模式。群核科技通过持续创新，推动了传统行业的数字化转型，并在全球范围内推广应用，展现了技术驱动下形成的新型生态。

游戏科学通过《黑神话：悟空》这一项目，展示了游戏产业在数字娱乐中的跨界创新。通过技术创新，游戏科学在提升游戏图像效果的同时，还为游戏中的虚拟角色、场景设计增加了强烈的沉浸感，而这种沉浸感也深深地打动了玩家。《黑神话：悟空》之外，游戏科学不仅专注于游戏本身的技术创新，还通过与电影、文化产业等多个行业的合作，推动了数字娱乐行业的跨界融合。这种跨行业协同创新不仅提升了游戏产业的整体竞争力，也为娱乐产业的未来发展开辟了新的生态模式。

杭州"六小龙"的崛起之路，映射出中国科技创新的深层变革。当宇树科技的机器人舞动红绸帕时，其关节的精密控制算法正在赋能工业巡检；当 DeepSeek-V3 解析用户指令时，其底层架构正在重塑全球 AI 算力分配规则；当《黑神话：悟空》斩获国际大奖时，其图形技术正在反向输出至其他行业。

这些企业用"技术纵深化 + 场景多元化 + 生态全球化"的创新矩阵，证明了硬核科技不仅是产业升级的引擎，更是文明对话的新语言。技术破茧，未来无限——这正是杭州"六小龙"身上最独特的气质，也引领着中国科创产业最光明的未来。

四、十年铸剑：技术积淀与战略定力的坚毅守望

2017年，当朱秋国创立云深处并为其第一款四足机器人取名时，他赋予了这款产品一个充满理想主义色彩的名字——"绝影"。"绝影"源自《三国演义》中曹操的坐骑之名，疾驰如影、一骑绝尘、难以超越，这个有着豪迈之气的名字，寓意了这款机器人在性能方面的出类拔萃。朱秋国说："我们希望这个品牌可以从中国通向世界。"这句话不仅表达了他对产品的期待，更展现了他内心深处对科技理想的执着追求。

朱秋国的创业历程，可以被视为杭州"六小龙"共有的"长期理想主义"精神的缩影。

从浙江大学的副教授到云深处的创始人兼CEO，朱秋国始终坚信机器人技术不应仅仅停留在实验室研究阶段。他认为，机器人要走出实验室，走到室外，真正帮助人们在危险、恶劣、复杂的场景中解决问题。正是这种理想主义的信念，推动云深处从四足机器人赛道一路披荆斩棘，最终踏入更具挑战性的人形机器人领域。

这个故事，仅仅是杭州"六小龙"坚持长期理想主义的一个片段。

在科技创新的浪潮中，以其为代表的一批科技企业，凭借对技术的热爱、对未来的洞察，以及对长期目标的坚守，成为中国科技产业的中坚力量。它们的故事，不仅是对理想主义精神的诠释，更是对长期主义价值的生动证明。

"十年磨一剑"：技术沉淀与持续投入

杭州"六小龙"的成功，离不开长期的技术沉淀与持续投入。它们以"十年磨一剑"的耐心，深耕各自赛道，拒绝短期商业化的诱惑，最终实现了技术的突破与产品的创新。

在"绝影"系列机器人问世之前，朱秋国在研究生阶段就参与了双足机器人"悟空"系列的研制工作，积累了丰富的研发经验。2017年创立云深处后，他带领团队持续投入四足机器人的研发，面对外界"这机器狗（四足机器人）到底能派上什么用场？"的质疑，他和团队始终没有放弃。如今，"绝影"系列机器人已在安防巡检、勘测探索、公共救援等多个领域落地应用，展现出强大的实用价值。

强脑科技则是另一个长期投入的典范。多年来，强脑科技专注于非侵入式脑机接口技术的研发，攻克了脑电信号采集的难题，精准度达到业内领先水平。这种对技术的执着，不仅让强脑科技在脑机接口领域占据了重要地位，更推动了中国在全球脑机接口领域竞争中的崛起。

除了对技术的钻研，杭州"六小龙"的长期理想主义，还体现在它们的战略定力与长期布局上。这六家企业始终锚定所选赛道，以"一张蓝图绘到底"的坚定，推动技术的迭代与产品的升级。

杭州"六小龙"技术沉淀时间表

企业	沉淀时间
强脑科技	7 年
云深处	7 年
宇树科技	8 年
游戏科学	11 年
深度求索	12 年
群核科技	14 年

群核科技以 10 余年的时间，打造了全球最大的空间设计平台。在早期面临市场冷遇时，企业依然坚持技术研发，最终通过免费试用、用户反馈迭代的方式，赢得了市场的认可，不仅实现了"从 0 到 1"的突破，更在全球范围内建立了强大的竞争优势。深度求索则通过开源策略，推动 AI 技术的普惠化应用，展现了技术理想主义的社会价值。

杭州"六小龙"的成功告诉我们，科技创新是一场马拉松，只有长期的技术沉淀与持续投入，保持战略定力，坚持长期布局，才是实现科技创新的重要保障。只有坚守初心，才能在激烈的市场竞争中立于不败之地。

从实验室到现实：理想主义与现实价值的结合

科技创新不仅需要理想主义的精神，更需要与现实价值的结合。只有将技术应用于实际场景，才能真正创造社会价值。杭州"六小龙"的长期理想主义，更体现在它们对现实价值的关注上。它们不仅追求技术的突破，更致力于将技术应用于实际场景，真正创造社会价值。

无论是宇树科技还是云深处，它们对机器人赛道的坚持，也都源于其对现实的深刻洞察。企业始终坚信，机器人技术走出实验室，走进实际生活场景，走进千家万户的日常生活，才能真正帮助人们解决实际问题。正是这种理想主义与现实价值的结合，推动着它们取得一次又一次的技术突破与产品迭代。强脑科技则通过非侵入式脑机接口技术，帮助残障人士重新获得行动能力。这种对现实价值的关注，不仅让强脑科技赢得了社会的广泛认可，更展现了企业的社会责任。

  科技创新是一场需要耐心、专注与毅力的长跑，只有坚守初心，才能实现真正的突破。杭州"六小龙"取得的成绩，不仅是中国科创产业的骄傲，更是全球科技创新的重要里程碑之一。它们的故事证明，长期理想主义精神是推动科技产业发展的关键力量。

五、无界赋能：技术驱动行业的跨界融合与重构

故事始于一个小村庄里的茶馆。

一位年轻的游戏开发者，在茶馆的角落里翻阅着一本泛黄的《西游记》。他的脑海里浮现出一幅画面：美猴王孙悟空在云雾缭绕的山川间翻腾，金箍棒挥舞间，古刹的钟声回荡。他萌生了一个大胆的想法：将中国传统文化与现代科技结合，打造一款让世界惊艳的游戏。

4年后，这个想法变成了现实，《黑神话：悟空》横空出世，成为全球玩家瞩目的焦点。游戏中的一草一木、一砖一瓦，都流露着鲜明的中国文化特色；而其令人惊叹的画面和特效，则展现了业界领先技术的支撑。从杭州灵隐寺的还原，到悟空身上毛发的逼真细节，《黑神话：悟空》不仅是一款游戏，更是文化与科技的碰撞之作。

这款游戏的成功，正是杭州"六小龙"善于跨界融合、无界赋能特点的缩影。它们敢于打破行业边界，通过AI技术、机器人技术、脑机接口技术等前沿科技，打造全新的应用场景，也从不同应用场景和行业中，汲取企业发展所需要的动力。

例如云深处发布的"山猫"全地形越野机器人，其以独特的轮足

运动形态,实现了多地形适配的越野能力,能轻松征服22厘米高的台阶和45度的斜坡,展示了机器人技术与实际应用场景的深度融合。这种技术不仅可用于应急救援、地质勘探等领域,还为机器人技术的商业化落地提供了新思路。强脑科技通过脑机接口技术,帮助杭州第4届亚残运会火炬手完成火炬传递,这一场景不仅展现了过硬的技术实力,也体现了科技与人文的深度融合,为体育赛事增添了一抹科技的色彩。

"山猫"全地形越野机器人能够适应多种复杂地形(云深处 供图)

杭州"六小龙"还善于通过"技术—场景"闭环模式,突破行业边界,推动未来技术在多个场景中的跨行业应用。这一创新模式不仅提升了技术壁垒,还加速了商业化进程。深度求索通过其自研的基础模型,推动了AI技术在多个行业的应用。例如:在医疗领域,深度求索的模型被用于医学影像分析,辅助医生进行疾病诊断;在金融行业,模型被用于风险评估和智能投顾；在智能制造领域，模型助力生产线的优化与自动化控制。宇树科技以其自研的四足机器人在多个行业中实现了技术的跨界应用，推动了机器人技术在实际场景中的广泛落地。公司将四足机器人从传统的科研领域拓展至农业、物流、环保等行业。例如：在农业领域，宇树科技的机器人通过智能巡检，实时监测农作物的生长环境，实现了精准农业；在物流行业，机器人承担了仓储的自动化搬运任务，极大提升了物流效率；在环保行业，机器人被应用于城市环境监测和公共区域巡检，不仅提升了作业效率，还实现了对城市环境的智能监管。

杭州"六小龙"在不同领域中展现了跨界融合的巨大潜力。未来的科技创新，不仅需要技术的突破，更需要跨界的融合。通过技术与文化、技术与场景的深度融合，越来越多的中国科技企业将走向全球科技舞台的中央，成为引领世界科技革命的重要力量。唯有跨界融合，才能连接未来；唯有创新不息，才能创造无限可能。

第四章

龙兴于渊：为什么是杭州

"六小龙"的孕育、诞生，离不开杭州得天独厚的环境。我们常说"龙兴于渊"，正因为杭州长期为企业提供良好的营商环境，才有了今天的杭州"六小龙"。

这不禁让人想问：为什么是杭州？杭州有什么"独门秘籍"，能成为这六家企业的诞生之地？

杭州是一座古老而现代的城市，它既是历史文化名城，也是创新活力之城。这座将宋韵水墨与数字代码共冶一炉的新一线城市，正悄然编织起一张孕育科技"独角兽"的创新之巢，培育着一大批充满潜力的科技企业。杭州能取得这样的成果，主要得益于"六重密码"。

一、数字基因：从"风景天堂"到"硅谷天堂"

提起杭州，人们常会想起白居易脍炙人口的名句"江南忆，最忆是杭州"，以及流传甚广的谚语"上有天堂，下有苏杭"。杭州市区背靠西湖和群山，是全国知名的旅游城市，但在很长一段时间内，杭州由于受到这种地形的限制，适合发展的空间非常有限。

杭州的发展历程并非一帆风顺。在改革开放初期，杭州虽然是浙江省会，但在经济上反而不如很多别的浙江城市；等到杭州反应过来要发展制造业，上到五金机电，下到服装鞋袜的块状经济都已经"名花有主"，甚至杭州四季青服装市场原本的商贸优势也被义乌抢走了。可上天"关上一扇门"的同时，又给杭州"打开一扇窗"——这座城市后来意外地从电商领域杀出一条新路：以阿里巴巴为龙头牵引其他企业形成产业集群，杭州确定了将数字经济作为新的发展主轴，然后披荆斩棘、不断开拓，最终取得了今天的成果。

从"数字浙江"到人工智能科创高地

2003年，习近平同志在浙江工作期间就前瞻性地布局建设"数字浙江",历届浙江省委、省政府深入实施这一重要战略部署,坚持不懈地把数字经济作为"一号工程"来抓,"数字浙江"建设显现快速发展的良好态势。

发展新质生产力是我国社会主义现代化建设进入新阶段的必然要求,浙江省正在奋发努力,加快步伐向高水平创新型省份迈进。近年来,浙江区域创新能力一直保持在全国前五之内。2024 年,浙江省委、省政府系统部署"加快建设创新浙江,因地制宜发展新质生产力",并把 AI 作为三大科创高地之首。杭州是浙江省 AI 产业发展的核心引擎,加快建设国家新一代 AI 创新发展试验区和 AI 创新应用先导区,AI 发展水平居全国第一梯队,形成了涵盖"基础层—技术层—应用层"的完整产业链条。

2024 年年底,杭州市出台未来产业培育行动计划,将通用 AI 作为五大风口潜力产业进行培育,提出加快夯实大模型、智能算力集群、高质量数据集等核心基础,聚焦模型应用,突破跨媒体感知、自主无人决策、群体智能构建等关键技术。

杭州应该是而且必须是浙江省在知识经济时代发展的火车头,其辐射的范围应更广阔。位于美国加利福尼亚州的硅谷,不仅是美国经济发展的火车头,而且影响着全球。当今世界,许多国家都在做着"硅谷梦",我国著名经济学家吴敬琏在评论中国城市中谁最有希望成为硅谷时,对我国几个著名地区进行了比较分析,认为"杭州是中国最有可能成为硅谷的城市"。

他首先排除了被大家一致看好的中关村。他认为中关村很像早期的美国波士顿"128 号公路"模式,大企业集中,大学集中,有著名的麻省理工学院、哈佛大学,政府财政也给予较大的倾斜,当时这一科技园区与硅谷可以称得上并驾齐驱。但是"吃偏饭"的政策，使得这一地区养成了"眼睛向上"的习惯，导致园区发展活力减弱，现在已被后来居上的硅谷远远抛在后面。

其次是同样被人们看好、成长迅速的深圳，吴敬琏则认为其存在技术源不足的劣势。深圳大学拥有的科技人才约为浙江大学的五分之一，当地许多卓有成效的创新者都是浙江大学毕业的，所以，深圳大学不太可能像硅谷的斯坦福大学、伯克利大学那样衍生出众多的高科技小企业。当下，深圳也深刻认识到这个问题，开展了中山大学深圳校区、哈尔滨工业大学（深圳）、暨南大学深圳校区、清华大学深圳国际研究生院、北京大学深圳研究生院、电子科技大学（深圳）高等研究院的建设。此外，还有西安，虽有许多高等院校，但气候和生态环境稍逊一筹，这样的生活环境对人才的吸引力比杭州所在的江南地区要弱一些。

硅谷的崛起，靠的是一种文化精神，是经济体制的创新。硅谷人有一种勇于创新、乐于创业、允许失败的"工作狂"精神，形成了工作、创新、创业本身就是生活的乐趣的硅谷文化。而这些特质，在杭州都有比较鲜明的体现。例如，从创业习惯而言，美国硅谷有"车库"创业的传统，杭州则有"居室"创业的习惯。这也是硅谷和"天堂硅谷"的相似点。阿里巴巴的雏形诞生于湖畔花园16栋1单元202室，群核科技则是在紫金文苑阁楼起步的。杭州的居民楼里同样孵化出改变商业形态的科技企业，这种"居住即创造"的空间哲学，构成了数字时代创业精神的共同注脚。那些藏在门牌号背后的创业故事，显现出杭州与硅谷有同样的创新基因。

杭州城市"含数量"不断提升

杭州是发展数字经济的先发城市：2014年，在全国率先提出发展信息经济智慧应用"一号工程"；2016年，G20峰会（二十国集团领导人峰会）上成为中国首个提出"数字经济"的城市；2018年，提出打造全国"数字经济第一城"……以平台经济为代表的杭州数字产业活力持续迸发，数字化对产业的塑造不断加深。

杭州推动产业升级，逐步构建起智能物联、生物医药、高端装备制造、新材料和绿色能源等五大产业生态圈，并着力发展视觉智能、集成电路、合成生物技术、机器人等超过20个重点产业链，以促进产业的高端化发展，行业领军企业不断集聚，产业生态持续优化，打造了一批如"中国视谷"、杭州医药港小镇等产业生态圈的产业地标，积累形成产业集群化发展的新优势，产业生态活力持续涌现。

2023年，杭州入围全国首批中小企业数字化转型试点城市，"中国软件名城"评估获三星级、排名全国第二；2024年，数字经济核心产业增加值达到6305亿元，占GDP比重达28.8%，对全市经济增长贡献率超过50%。

截至2025年4月，杭州共有估值不低于10亿美元的独角兽企业44家，估值不低于1亿美元的准独角兽企业397家。

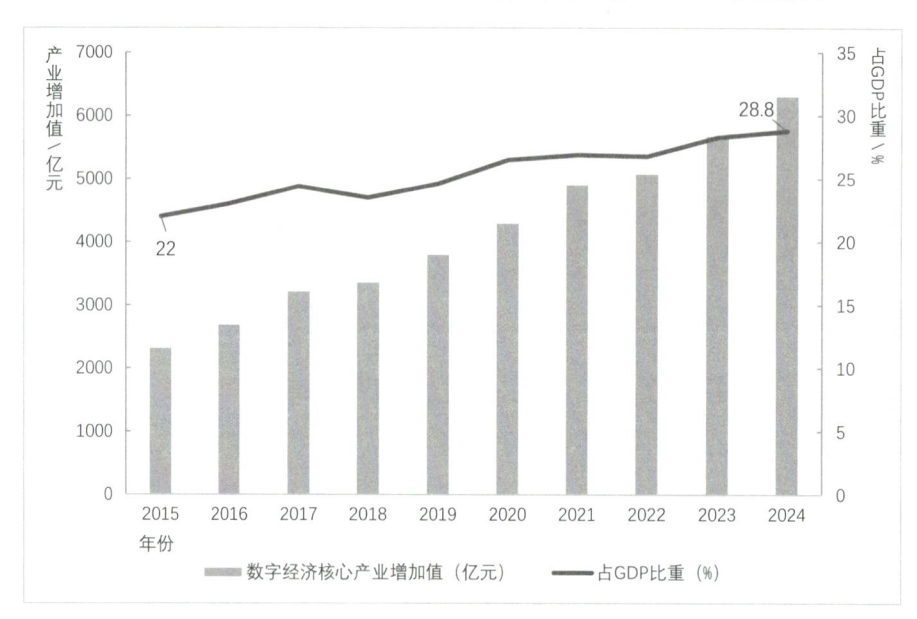

杭州近十年数字经济核心产业增加值及其占 GDP 比重情况

■■ 数字经济标志性企业的"时代接力"

从"电商之都"到"数字经济第一城",再到"人工智能之都",杭州的数字经济发展步伐,与全省在政策上一脉相承,并持续、精准地踩在时代鼓点之上。

电子商务兴起。1999 年,马云在杭州创立集电子商务、金融等多项业务于一体的阿里巴巴网络技术有限公司,标志着中国电子商务的萌芽。当时,杭州突破传统工商注册限制,为阿里巴巴颁发首张"电子商务"营业执照,成为全国制度创新的先例。这一阶段,杭州依托民营经济活跃的土壤,通过阿里巴巴的企业对企业电子商务(B2B)平台(www.1688.com)初步构建了企业间的线上贸易网络,为后续电商生态的崛起奠定了基础。2003年，淘宝网上线，以个人对个人电子商务（C2C）模式迅速吸引大量用户，杭州由此成为中国电商核心枢纽。

移动支付普及。中国移动支付史的起点，可追溯至2003年淘宝网为解决电商信任问题推出的"担保交易"模式，日本留学生崔卫平与西安大学生焦振中通过这一机制完成的首笔跨国交易，标志着支付宝雏形的诞生。2004年，支付宝成立，以"你敢付，我敢赔"的承诺重构了线上交易信任体系，开启了无现金社会的序幕，同时在短时间内将支付成功率从行业平均的60%提升至90%，形成便捷高效的支付解决方案。2016年，杭州98%的出租车、95%的便利店支持移动支付，德国"网红"阿福以"身无分文游杭州"的挑战验证了城市无现金化的成熟。此后，"无现金"理念深度融入城市治理：医院挂号、社保查询、违章缴费等98%的公共服务实现线上化，吃、穿、住、游、行用一个手机就可以搞定。

云计算蝶变。2009年，阿里云计算有限公司成立时，全球云计算尚处于探索期。王坚博士率团队在阿里巴巴西溪园区开启"中国云"的拓荒，每年投入10亿元用于研发自主可控的"飞天"操作系统。这支被戏称为"疯子团队"的工程师队伍，在质疑声中完成全球首个5000节点集群突破，实现单集群10万核计算能力，比肩亚马逊AWS云计算平台的技术水准。2013年，杭州电子政务系统首度迁移至阿里云。2014年，杭州市政府将转塘工业园转型为云栖小镇，给予云计算企业税收减免、数据中心电价优惠，阿里云开发者大会在此升格为全球瞩目的云栖大会；云栖小镇还吸引了中国科学院杭州射频识别技术研发中心等47家机构入驻。2016年，"杭州城市大脑"在云栖实验室诞生，通过云计算实时调控1300个路口信号灯，让救护车抵达现场时间缩短 50%。此时杭州已集聚全国约三分之一的云计算人才，形成"芯片研发—云平台—行业解决方案"的全栈能力。

数字安防转型。2010 年，随着全球安防技术从模拟信号向数字化、网络化加速迭代，杭州抓住这一千载难逢的历史机遇，加速发展，开始了从"设备供应商"到"智能生态构建者"的跃迁，涌现出海康威视、浙江大华、宇视科技（浙江宇视科技有限公司）等一批行业龙头企业。随后，海康威视在深交所上市，标志着杭州安防企业完成资本化转身；浙江大华推出首款全数字网络摄像机；宇视科技推出新一代视频管理平台。"三巨头"合力推动行业进入 IP 化时代，杭州安防企业也突破传统视频采集功能，率先实现百万像素高清摄像机的规模化应用。

2022 年，杭州发布《关于促进智能物联产业高质量发展的若干意见》，提出要构建万亿级智能物联产业生态圈，建设产业兴盛、万物智联、全域感知的"数智杭州"，打造智能物联卓越城市。

2023 年，杭州发布《关于高标准建设"中国视谷"高质量发展视觉智能产业的实施意见》，提出要围绕"数字安防—视觉智能—智能物联"的产业跃升主路径，重点发展数字安防、自动驾驶、虚拟现实、医学影像、智能生活及办公、元宇宙、工业视觉等七大领域。

城市大脑赋能——2016 年，杭州以交通治理为切口，率先提出"城市大脑"概念，开启中国城市治理的数字化先河。通过整合全市 52 个部门的 760 个信息系统，杭州构建起覆盖 22 万个城市感知设备的"数据神经网络"，首次实现全城交通流量实时监测。至 2018 年，杭州交通拥堵排名从全国第 2 位降至第 35 位，创造了"用算力替代警力"的治理奇迹。此后，杭州持续探索"中枢系统＋数字驾驶舱"的架构

"中国视谷"精神堡垒(杭州市"中国视谷"专项工作组 供图)

范式,并推动城市大脑从单一交通治理向城市全领域延伸,在民生领域推出 10 多个大类 40 多个应用场景。

AI 爆发——2020 年前后,全球生成式 AI 进入技术爆发期,杭州凭借深厚的算力基础与算法积淀抢占先机。阿里云构建的"飞天"算力系统为大规模模型训练提供支撑,之江实验室推出涵盖地质、天文领域的科学大模型;企业层面,杭州"六小龙"之外,还有一大批如宇视科技、炽橙科技（杭州炽橙数字科技有限公司）、百应科技、数澜科技等 AI 企业蓬勃发展，为杭州的 AI 产业腾飞提供了强大动力。

多年来，杭州始终保持战略定力，一张蓝图绘到底。一座城市的数字蝶变，离不开党中央的战略指引和一代代建设者的矢志坚守，也离不开无数创业者脚踏实地的探索；正是这些力量，让西子湖畔的数字涟漪，逐渐汇聚成推动高质量发展的时代浪潮。

二、"阳光雨露"：我提供阳光雨露，你负责茁壮成长

党的十八大以来，党中央、国务院将营商环境建设作为国家治理现代化的重要抓手，相继推出"放管服""减税降费""证照分离""互联网＋监管"等一系列改革措施，取得了明显成效。世界银行《营商环境报告》显示，中国的全球排名从2013年第96位跃升至2020年第31位。

在此背景下，浙江始终勇立改革潮头，以"四张清单一张网"厘清政府权力边界，以"最多跑一次"重塑政务服务标准（事项覆盖率达98.6%），以数字化改革构建"平台＋大脑"治理新范式，并最终升级为营商环境优化提升"一号改革工程"。截至2024年6月，"浙里办"政务服务App已汇聚3638项依申请政务服务事项、2000余项便民惠企服务、30个高频"高效办成一件事"，实名注册用户数达到1.23亿。

"无事不扰、有求必应，消除'取经路'上的'妖魔鬼怪'，各个'取经人'自能踏平坎坷成大道，取得'企业发展、产业跃迁'的'真经'"——《人民日报》如此评论"六小龙"为何诞生于杭州。 杭州

作为浙江改革创新的前沿阵地，始终以"制度创新＋技术赋能"双轮驱动突破治理边界。在全国首创"亲清在线"政策兑付平台，实现惠企资金"秒到账"；推出"分钟制"开办企业模式，企业设立登记最快10分钟办结；创新"一照多址""证照分离2.0"等改革措施，让连锁企业开办分店手续压减80%。

凭借多年建设，杭州实现了从"政府端菜"到"企业点菜"的服务革新，不断深化国家营商环境创新试点建设，连续7轮迭代推进900余项改革创新举措，大幅提升了营商环境市场化、法治化、国际化水平。特别是杭州政府积极提倡的"四到"服务理念（不叫不到、随叫随到、服务周到、说到做到），与浙商"四千精神"（走遍千山万水、说尽千言万语、想尽千方百计、吃尽千辛万苦）产生共振效应，形成了良性循环。

"不叫不到"

"不叫不到"就是无事不扰，让企业有一个安心、清静的发展环境，企业无须靠饭局拉关系，政府也不会以检查、指导等名义刷"存在感"。不同于传统监管模式下"企业围着政府转"的被动关系，杭州通过"数据跑腿"替代"干部刷脸"，借助数字化手段以无感的方式摸排企业需求，在不频繁打扰企业的情况下，为企业解决问题。这种"静默护航"模式，让企业从"应对检查"转向"专注创新"，有企业家坦言，曾经在别的城市经营时，往往产品还没造出来，税费检查就来了，而在杭州就可以专注于技术和产品，全身心投入谋发展中。

具体来说，杭州还有两项特色改革机制。一是实施"综合查一次"改革，建立全市涉企检查计划管理平台，统筹各项检查任务，避免重复检查、多头检查，最大程度减少不必要的干扰，让杭州"六小龙"这样的企业能够专心致志推动技术创新和突破。杭州通过统筹归并年度涉企检查事项，2024年减少对科技企业的检查1.2万户次。二是探索推行柔性执法机制，针对科技企业违反规定开展科技成果应用、科技成果交易、经营者集中等高频易发问题，积极推行以引导、激励、协商等措施开展"有温度的执法"，鼓励企业大胆创新、安心发展。

"随叫随到"

"随叫随到"就是有求必应，高效、精准地解决企业遇到的困难和问题。当企业有需求的时候，可以随时联系政府，政府可以点对点地上门给予服务，服务范围从工商登记、银行开户到投融资对接、项目申报等"无所不包"。坐落于杭州高新区（滨江）江陵路的万轮科技园，原来是一家自行车厂，2006年转型成为杭州第一家市级大学生创业园。后来，这里逐渐发展壮大，先后获得国家级科技企业孵化器、国家小型微型企业创业创新示范基地、全国创业孵化示范基地等称号，孵化出了不少颇有潜力的科技企业。很多在这里起步的企业家表示，政府能想企业所想，急企业所急；有的企业甚至刚刚起步，政府就主动上门问需不需要帮助了。

杭州高新区（滨江）以企业需求为导向，构建了全链条、全天候、多层次的涉企服务体系，将精准化、定制化增值服务送到企业身边；建设"产业社区""暖企小站"，把最小服务单元延伸到产业楼宇；配置专属的联企服务专员，提供项目洽谈、人才政策申报、办公场地入驻等"一条龙"服务。

西湖区艺创小镇则建立起网格化驿站助企成长机制，助推小镇孵化《黑神话：悟空》《长安三万里》等现象级文创作品；浙江出版集团数字传媒有限公司与游戏科学互动合作，确保了游戏顺利上线和推广。

■ "服务周到"

"服务周到"就是无微不至，在政策、资金、人才等方面给予企业全方位呵护。杭州对企业的服务可谓无微不至，很多时候更是雪中送炭，在关键的时候助企业一臂之力。并且无论企业大小，政府都一视同仁，陪伴企业慢慢成长。例如，为满足深度求索对于算力的巨大需求，杭州政府专门协调解决 32 亩工业用地和 3.1 万吨标准煤能耗指标，支持企业建设高度定制化智能算力中心，为 DeepSeek-V3 大模型提供支持。

杭州各级政府虚心向市场学习、向企业学习，科学把握产业创新和企业发展规律，尽可能地使各项政务服务和要素供给"想到企业前面去"，防患于未然，提前为企业储备发展空间，打开发展瓶颈。英飞特（英飞特电子〔杭州〕股份有限公司）创立不久就展现出快速发展的态势，在企业尚未意识到未来的空间制约问题时，政府就为其预留了研发和生产扩容空间。

以"最服务"理念打造小微企业公共服务也是杭州一直坚持的方向。自 2011 年以来，杭州先后探索推出"创新券、服务券、活动券"等创新创业服务，以"最服务"理念为指导，打造基于"互联网+"的小微企业公共服务，实现了全程网络化管理，将"最为小微企业着想"的理念贯穿到整个创新创业生态中。

此外，杭州还以"最集成"模式优化政府服务。杭州城西科创大走廊在政务服务上，坚持把最优资源、最好服务向人才群体集聚，联动公安、人社等部门，高标准建成以国际化为特色的高层次人才综合服务中心，搭建"需求一窗受理、服务一站供给、发展一帮到底"的全生命周期政务服务体系。杭州市税务、财政部门着力推进减税免费，对疑似应享未享优惠政策的疑点数据，及时下发各主管税务机关进行核查。对经查确属应享未享的，由各主管税务机关辅导企业准确填报纳税申报表，确保小微企业税收优惠政策得到贯彻落实，小微企业税收优惠政策100%兑现。

最后，杭州完善常态化"为企办实事"工作机制，针对国外技术遏制和市场封锁，及时组织开展重点科技企业座谈、访谈，认真倾听企业困难、诉求和建议；2024年收集解决科技企业问题7732个，建立涉企问题"快速响应、限时办结"闭环管理机制，问题破解率达100%；优化"一类事"集成办理机制，2024年系统梳理科技企业集中反映的共性问题59个，通过剖析原因、重塑流程、修订制度持续优化营商环境，助力广大科技企业追求卓越、勇攀高峰。

"说到做到"

"说到做到"就是言出必行，坚定不移地兑现各类政策优惠和涉企承诺。杭州各级政府领导秉持"政府的承诺，是企业信心的重要来源""言必信、行必果"，不开空头支票，坚决践行对企业的承诺，将实惠送到企业手中。特别是其中有一项"免申即享"政策，对符合条件的企业，政府直接兑现税收减免、研发补助等，无须企业申请。

下面这个事例，可让人感受到政府工作人员"说到做到"的品格。从杭州主城区一路往西南，很快便可看到艺创小镇。艺创小镇位于浙江省之江文化产业带核心，青山碧水，景色秀美；人文环境独特，

落户艺创小镇的中国（之江）视听创新创业基地（艺创小镇 供图）

大师汇聚，名作迭出，致力于打造浙江省"文创第一镇""设计第一镇""数字艺术第一镇"。2018年，艺创小镇正处在从水泥厂向文化创意园转型的第10年，在敏锐觉察到文创产业的前景后，小镇将目光投向了动漫、游戏、影视、科技等领域。在游戏科学落户小镇之前，小镇管理人员见过许多相似的游戏企业：作坊式架构，一二十人的规模，处在漫长的研发前期，在日益"内卷"的游戏红海中，能否熬到天亮都是个未知数。但游戏科学的格局和档次很快打动了小镇管理人员，他们看了游戏科学的项目计划书，并聆听了对方想要制作3A级单机游戏项目的理想后，敏锐地判断出这是一支很有远见也很有潜力的团队，双方一拍即合。为了让游戏科学在杭州扎下根，艺创小镇拿出了满满的诚意。当时，工作人员带着冯骥在象山艺术公社看场地，冯骥"一眼投缘"，办公楼前方有一片花园，再往前是一条河流，视野开阔、景色优美，这深深吸引了他。尚处于研发前期的冯骥，不好意思地提了一个请求："隔壁的两栋楼能不能先别租出去，等我项目扩大了再来拿。"这个看似不合理的请求，艺创小镇却很爽快就答应了。为了这个承诺，小镇的这两栋办公楼空了整整3年，多次婉拒名人工作室以及有潜质企业的加盟。艺创小镇决定和游戏科学站在一起，静静地陪伴等候。终于，小镇迎来了企业壮大发展、收获成果的时刻，这场"恋爱"有了完美的结局，也诞生了一段政府一诺千金的佳话。

以"四个到"为企业发展保驾护航，是杭州营商环境的一张"金名片"。

三、创新沃土：完善"科创—孵化—场景—产业"的创新全链条

近年来，浙江统筹实施"315"科技创新体系建设、"双一流196"工程，打造十大省实验室和瞄准关键战略产业的十大省技术创新中心，叠加开发区、产业园区、特色小镇、孵化园区等平台体系，大力构建创业创新的"热带雨林式生态"。杭州在自身资源禀赋和优势产业基础上，进行合理引导和适当资源倾斜，坚持因地制宜、前瞻布局，有所为有所不为，日拱一卒、滴水石穿，让量变逐渐产生质变。

■ 不断集聚创新要素资源

杭州通过以高新区（滨江）、梦想小镇为代表的开发区、产业园区、特色小镇等平台，不断集聚创新要素资源，有力带动了创新环境的营造。

一是不断提升城西科创大走廊创新策源能力。杭州以城西科创大走廊为核心，聚焦AI、机器人、生物医药、新材料、绿色能源五大产业带，高标准建设集研发、孵化、验证、中试、生产等功能于一体的

科技孵化园区。城西科创大走廊已集聚国家级创新载体和科研平台 80 余个，引进建设两家国家实验室（基地），布局建设浙江大学超重力离心模拟与实验装置国家重大科技基础设施，拥有一批高水平高校院所；截至 2024 年年底，共获得国家自然科学奖 8 项，占全省 100%；获得国家技术发明奖 18 项、国家科学技术进步奖 54 项，国家科学技术进步奖、浙江省科学技术进步奖成果占全省 60% 以上；累计承担尖兵领雁项目 466 项，占全省 30%，尖峰领航项目 140 项，占全省 90% 以上。

二是高质量推动开发区（园区）建设。开发区（园区）集中培育了数字经济、生物医药、高端装备和新材料等特色产业，日益成为杭州创新动能最活跃的区域，成为杭州打造先进制造业的主要承载地和重要集聚地。2023 年，全市开发区（园区）实现规上工业企业营收超 1.5 万亿元，规上服务业企业营收达到了 1.43 万亿元，占全市的比重均超过七成。

■ 建立全域创业空间供给体系

一是打造科技企业孵化器建设"杭州模式"。自 2003 年杭州被纳入国家科技企业孵化器体系建设试点城市以来，科技部门积极作为，主动设计工作体系，建立了"政府＋民营"的双通道策略、"人才＋资本"的双引擎驱动，政府、民营、人才、资本四大核心要素聚合，推进科技企业孵化器建设始终走在全国前列。

2006 年杭州出台的《关于进一步加快科技企业孵化器发展的实施办法》具有标志性意义，强化了对孵化器发展质量和孵化绩效的资助，激发了全市民营力量参与孵化器建设的热情，推动了孵化器跨越式发展。截至2024年，杭州市拥有国家级科技企业孵化器65家，连续多年居副省级城市、省会城市第一。杭州"六小龙"中的宇树科技2016年诞生在"尚翼空间"（现为省级科技企业孵化器），而云深处则于2017年在浙江大学国家大学科技园成立并孵化。

二是建设"空间+基金"模式的众创空间。杭州政府不仅从创业启动、房租补贴、投融资补助和品牌活动等方面予以企业支持，同时以基金为纽带，将"房东"变股东，形成利益共同体。

三是打造"生产生活+生态"特色小镇。围绕"形态小而美、产业特而强、功能聚而合、机制新而活"的内涵抓特色小镇建设，成为杭州培育供给侧结构性改革的新抓手、新动能的新平台。从科技企业孵化器、众创空间到特色小镇，以及大学生创业园、小微企业园等，杭州建立了全市域创业空间供给体系，为大批初创企业提供了良好的发展空间，也带动了产业集聚发展，这也是杭州能够孕育出"六小龙"这样的企业的重要原因之一。

加速技术转化创新孵化

杭州另一个重要特点是把整座城市当作"大孵化器"来打造。通过积极构建战略科技力量矩阵，原本星罗棋布的创新主体、创新资源、创新要素已然串珠成链，构成杭州充满活力的创新版图——在城市西面，城西科创大走廊创新能级不断提升，一个世界级的创新策源地正在崛起；钱塘江对岸，从"中国视谷"到"中国数谷"，再到"国际零磁科学谷"，重大创新平台持续推动经济向"新"生长。

为了深化科技成果转化改革，杭州还积极探索"赋权+作价入股"模式，鼓励科技成果所有权人以科技成果评估价值入股企业，强化科研人员收益分配激励。同时，打造科技成果转化"安心屋"平台，推动高校院所对职务科技成果评估登记、转化审批、公开交易实行数字化管理，打消科研人员"不敢转、不愿转、不会转"的顾虑。例如，推动浙江大学、西湖大学等高校将先进机器人设计、高功率电机等核心技术与相关企业合作，推动"绝影"X30和电子导盲犬"小西"等一批突破性产品问世，为孵化云深处、杭州迦智科技有限公司等机器人领域"小巨人"企业提供了帮助。

杭州竭力搭建多个供需对接平台，建设杭州技术转移转化中心、概念验证中心。虽然概念验证中心并非杭州首创，但杭州是少数举全市之力推广概念验证中心的城市之一，更是首个提出打造全国"科技成果概念验证之都"的城市，让各类科技成果有更大的落地转化机会。例如，浙江博时新能源技术有限公司专攻电池储能系统及解决方案，在杭州市国科新型储能材料概念验证中心通过了验证，成立仅两年时间公司便获得了3000万元融资以及"国家科技型中小企业"资质，产值超亿元。

场景牵引助力产品推广

杭州始终坚持以场景牵引助力产品推广，通过精准的市场导向和包容开放的政策环境，让企业的新技术、新产品得以快速落地应用。

例如，杭州在市场导向、大胆尝试、安全可控的原则下，梳理临床医疗、辅助康复、脑机交互、人机协同等领域新技术新产品应用需求，分领域、分门类组织医疗卫生机构与科技企业开展对接，推动以需求为牵引的产研协同攻坚，加速新技术、新产品、新方案商业化落地，为生命健康产业发展壮大聚力赋能。如推动浙江省人民医院向杭州迪视医疗生物科技有限公司开放眼科手术机器人的使用场景,目前已完成亚洲首例眼科机器人辅助视网膜手术,手术操作精度达到国际领先水平。

2016年,杭州向阿里巴巴开放城市场景,为"城市大脑"概念提供试点验证机会,助力阿里巴巴占据国内"城市大脑"近50%的市场份额。

2018年,杭州将一条未命名道路开放给企业测试无人驾驶,让原本只能在封闭区域进行模拟测试的无人驾驶汽车正式进入路测阶段。从开放1条道路到开放5条道路,再到开放33条道路,直到划定一定范围给企业进行路测——杭州无人驾驶路测场景的开放,让华为集团、

在杭州第19届亚运会上承担运输铁饼任务的Go1四足机器人(吴煌 摄)

商汤集团、新奇点智能科技集团等从事无人驾驶技术研发的企业在杭州有了大展拳脚的机会。

杭州也是最早开展无人机物流测试的城市。商用无人机已经成为世界各国、主要城市、先进地区竞相追逐和抢先布局的重点产业领域，专业机构预测，未来城市空中交通市场规模将达 1.5 万亿美元，其中一半份额是空中自动化配送。而杭州迅蚁网络科技有限公司这家无人机企业，恰恰受益于杭州的敢闯敢试，拿到了全球首张城市物流无人机试运行"牌照"。

2023 年，宇树科技 Go1 四足机器人在杭州第 19 届亚运会铁饼运输场景中登场，让企业产品在世界舞台上亮相；云深处的四足机器人则参与了该届亚运会的地下电缆巡检等保障工作。此外，杭州还向强脑科技开放残疾诊疗场景，为"通义千问"提供"AI+"政务场景，等等。

杭州坚持包容开放，为企业提供应用场景，科技型企业在这些应用场景中不断验证和迭代自身产品，推动创意创新到产品产业的转型升级。

四、"真金白银"：积极投入产业基金、财政资金助力企业发展

科技创新成果的成功产业化，离不开产业基金、财政资金等"真金白银"的投入。杭州市以打造具有全球影响力的创新策源地为目标，坚持"市财政科技投入年均增长 15% 以上，市本级每年新增财力 15%以上用于科技投入，现有产业政策资金当中的 15% 集中投向培育发展新质生产力"原则，支持战略性科技创新平台建设，加大对优质创新企业的支持和培育力度。

同时，在浙江省"凤凰行动"计划引领下，杭州充分展现作为重要窗口的头雁风采，通过打造"3+N"杭州基金集群、提供雪中送炭式与接力式资助等，为企业发展提供切实帮扶。

■ 打造覆盖全生命周期的科创金融支持体系

杭州积极建立同新质生产力发展相适应的科技金融体制，统筹构建多渠道、多元化融资体系，持续加大对新兴产业和未来产业的支持力度，为创新创业注入金融"活水"。

杭州是最早发展创业投资的城市。2008年，杭州设立创业投资引导基金，通过阶段参股和跟进投资方式打造创投基金体系，构建"创业投资＋科技贷款＋科技担保＋科创服务"的科技金融服务链，支撑科技型企业在杭州发展。杭州是首批国家促进科技和金融结合试点城市、国家科创金融改革试验区。截至2024年年底，在杭登记注册且存续的私募股权、创业投资基金管理机构有723家，占全国的5.94%，位列全国城市第四。

杭州还着力构建全生命周期的投资生态，于2023年整合组建杭州科创基金、杭州创新基金、杭州并购基金三支母基金，其参与投资N支行业母基金、子基金、专项子基金等，形成总规模超过3000亿元的"3+N"杭州基金集群。其中杭州科创基金、杭州创新基金批复规模1856亿元，撬动社会资本超1000亿元，投资企业超2200家。截至2024年9月，"3+N"产业基金累计批复子基金340支，总规模2287亿元，累计投资企业3800余家次、共计1125亿元。

此外，杭州坚持深化科创金融服务。围绕基金所投项目，探索股债业务合并的一体化、融合化、标准化发展，建立了小贷业务、担保业务、知识产权证券化业务的协同赋能机制，满足不同项目在不同发展阶段的个性化融资需求。

■ 打造多层次多维度的财政资金支持体系

一是创业初期的雪中送炭式无偿资助。群核科技初到杭州创业时，拿到了原江干区政府150万元无偿资助，这成为创业的启动资金。宇树科技最早拿到的政府资助是大学生创业房租补贴4.24万元，后续又拿到了瞪羚企业空间补贴等房租补贴970万元。杭州市、区两级政府设立的人才项目资助、大学生创业项目资助等财政补贴，是最早最先给予创业项目的资助，发挥了关键作用。

二是创业过程中的接力式资助。省、市、区设立了重大科技专项、"尖兵"计划、研发投入补助、研发机构奖励、发明专利产业化补助、认定国家高新技术企业奖励等多层次的政策体系，为企业发展持续输血。例如，群核科技获得"尖兵"计划项目1300万元、杭州市软件和信息技术服务业研发投入补助2000万元；游戏科学在开发《黑神话：悟空》过程中获得2022年杭州市动漫游戏专项支持，总计300万元，有效缓解了资金压力。

三是成长期中来自创投基金的助力腾飞式帮扶。杭州科创基金旗下的创投基金持续跟投相关企业。以宇树科技为例：2022年，容腾基金投资2000万元；2024年，光速光合投资4500万元，容腾基金二号投资3000万元，中信城西大走廊母基金投资1.55亿元，红杉中国七期基金投资2129万元。再如强脑科技，2022年获得西湖创新基金的投资1500万元，2024年杭州创新基金子基金又投资2亿元助力其发展。

■ 坚持长期主义，优化信贷资源配置

扶持科技创新要有"包容十年不鸣，静待一鸣惊人"的战略定力和历史耐心，杭州始终坚持"算大账""算长远账"，培育更有担当的耐心资本、大胆资本。

一是强化创投基金引导，加大直接融资支持。杭州完善国资创投基金绩效考核制度，探索尽职免责机制，不以单一项目亏损或未达到考核标准作为负面评价依据，适度放宽投资容亏率，推动国资创投基

金成为更有担当的耐心资本、大胆资本。杭州市国资委会同相关单位牵头起草并印发了《关于建立优质企业股权投资快速响应机制的工作意见》；探索建立产业基金投资容错纠错、尽职免责、分级决策、员工跟投等制度，鼓励国有资本"投早、投小、投长期、投硬科技"。

杭州坚持长期主义导向，延长政府产业基金存续期限最长至15年，采取接续投资方式开展长期投资，有效缓解科技型企业投后再融资压力。例如，杭州科创基金联合道生资本、银杏谷资本向云深处接续投资了两次共计1540万元，投资期限达10年，打造机器人领域领军企业。

二是创新科技信贷服务，优化信贷资源配置。杭州鼓励银行设立科技支行，探索通过单列信贷规模、提高风险容忍度等方式，强化科技企业金融服务能力。创新科技企业增信模式，推出"高企贷""攻关贷"等科技金融产品，通过提额度、延期限、降利率等方式，有效提升科技企业融资可得性。开发知识产权质押融资产品，推广政策性担保、无还本续贷、贴息补助等举措，着力降低企业融资成本。2024年，全市知识产权质押融资规模达570.8亿元，惠及科技企业超2200家。

三是完善金融服务体系，提升融资便利水平。搭建科技企业与金融机构交流平台，分行业、分区域常态化组织银企对接、项目路演、上市辅导等活动。建立科技企业融资线上撮合平台，加强投融资需求和供给信息实时共享、定向推送，打造24小时"融资超市"。指导相关金融机构迭代完善联合尽调等机制，不断提升企业融资便利度。打造"杭州 e 融"金融综合服务平台。

"精准投放、静待花开"，杭州以政府性基金为活水，通过长期精准滴灌初创企业，以十年磨一剑的定力静候科技幼苗生长。从人工智能到生物医药，一批"独角兽"企业在钱塘江畔破茧成蝶，印证了长期主义投资的远见与价值。

五、人才森林：培育根深叶茂的"创新人才森林"

科教兴省、人才强省是"八八战略"的重要内容。2003年12月29日，浙江省委召开全省第一次人才工作会议，谋划确定了人才强省的战略。20多年来，从"加快建设人才强省"到"高水平建设人才强省"，再到明确把"人才强省、创新强省"作为首位战略，浙江历届省委、省政府一步一个脚印，把人才强省战略嵌进浙江高质量发展的基因。

杭州始终将人才作为第一资源，制定人才目录，开展精准引才；截至2024年10月底，累计引入省顶尖人才45名，认定高层次人才15.05万名，杭州连续14年入选"外籍人才眼中最具吸引力的中国城市"榜单，人才净流入率、海外人才净流入率连续多年居全国第一。具体来说，杭州从以下四个方面构筑人才政策体系。

▪ 植根高校的人才培养体系

浙江大学倡导的求是创新精神，与杭州这座创新创业的城市相互成就，浙大校友堪称杭州创新森林的"隐藏根系"。杭州"六小龙"

中，有不少团队核心成员来自浙大：云深处创始人朱秋国在浙大完成了从本科到博士的学业，朱秋国后来还成为浙大控制科学与工程学院副教授、博士生导师。据报道，云深处员工中有一半是浙大校友。群核科技的黄晓煌、陈航都毕业于浙大竺可桢学院，该学院被誉为"浙大新生代校友企业家的摇篮"。《2024浙江大学校友上市公司榜单》显示，浙大共有351位校友引领313家上市公司，拼多多创始人黄峥、OPPO/vivo创始人段永平均为浙大校友。此外，还有不少与杭州"六小龙"类似的创新型企业如灵伴科技、思看科技（杭州）股份有限公司、炽橙科技等，其创始人也毕业于浙大。校友创办的企业，一方面可以借助母校的科研与校友资源，在某些地区已形成具有特色的校友产业集群；另一方面，校友之间也会相互扶持创业，形成相互帮助的良好创业氛围。

除了在技术和人才方面相互支持，浙大校友在资本运作上也有着紧密的联系，一些成功的校友企业家成为天使投资人或风险投资人，他们愿意投资校友初创的有潜力的项目，为创业企业提供资金支持。校友之间的信任关系使得投资决策更加高效，降低了信息不对称带来的风险。

同时，浙大还构建起了从实验室到产业化落地的成熟闭环生态。为了推动AI领域的研究从课堂、实验室到真正商业化落地，浙大建立起"学科—产业—资本"的闭环生态，让科研成果得以快速转化。浙大重视科教融汇、产教融合，使科研面向场景与行业，同时形成以赛促创、以赛促教、以赛促学的创新创业生态系统，构建学院级到国家级的竞赛体系，促使学生将科研项目与商业、投融资计划结合。例如，朱秋国的机器人之旅，就源于他在本科期间参加机器人世界杯竞赛。

2006年开始,朱秋国加入浙大控制科学与工程学院熊蓉教授指导的ZJUDancer小型仿人足球机器人团队,开始"打比赛",在此过程中不断对机器人软硬件方面进行创新和改进,为后来创立企业、形成产业奠定了基础。

从课堂到产业化落地,"环浙大创新圈"的崛起也至关重要。2021年,环浙大玉泉人工智能产业带正式启动,位于浙江大学玉泉校区的石虎山机器人创新基地项目,成为环浙大玉泉人工智能产业带中的重要一环。石虎山机器人创新基地占地面积仅6000平方米,却分布着数十个创新工坊,以及30余家机器人、AI初创企业。石虎山机器人创新基地一度成为云深处测试产品性能、拍摄宣传短片的场所。该创新基地内,不仅有朱秋国的项目,还有智能协作机器人、医疗机器人、球形巡检机器人、无人驾驶机器人等项目。

"不求所有、但求所用"的柔性引才机制

杭州以"用才为本"替代"占才为标",突破传统"落户式"引才的时空局限,形成具有时代特征的人才战略创新。聚焦关键节点介入与核心问题攻关,通过灵活聘用、项目合作、技术入股等形式,吸引全球顶尖人才为杭州服务,形成"候鸟式""云端化"人才资源配置模式。

这种柔性机制根植于浙江"地瓜经济"的开放基因。早在20世纪80年代,"星期天工程师"现象便开创了跨区域智力流动的先河。2019年,杭州市出台《关于建设创新型人才队伍的若干意见》,提出完善人才柔性流动机制。积极鼓励对国内各类创新型人才尤其是高层次创新型人才采取柔性流动的方式,到企事业单位从事科技合作、技

术入股和投资兴办企业，以引进国内外智力资源。鼓励高等院校和科研院所与其他企事业单位之间开展产学研合作交流，互相聘请客座教授、客座研究员。实施"杭州市钱江特聘专家计划"，"十一五"期间聘请100名具有国际或国内行业领先水平的高级专家到杭州的企业、科研院所专职或兼职主持科技创新或科技成果转化项目。对经批准列入特聘专家计划的专家，每年给予一定的工作津贴。所需资金从市人才开发专项资金中列支。对符合杭州人才居住证制度要求、柔性流动到杭州工作的创新型人才，给予办理人才居住证，享受相关市民待遇。

如今，随着杭州"六小龙"这样的企业将研发中枢延伸至全球，形成了"杭州总部+全球智库"的协同网络，充分展现了产学研柔性协作的创新效能。

创新化的人才评价机制

在杭州，"人才不问出处，人人皆可成才"的观念深入人心。例如，河南小伙赵展展中专毕业后来到杭州，成为一名足浴师。凭借一手捏脚绝活，他拿下"全国技术能手"称号，获评杭州"C类人才"，并享受人才住房保障政策支持，在杭州安了家。近年来，杭州创新推出目录认定、授权认定、专才认定与行业评判、市场评价、社会评议的"三定三评"人才分类评价新模式。有专长的人才还可以在杭州申请"专才认定"，杭州已有超过140万的专业技术人才和超过60万的高技能人才，既有青年科学家，又有在世界技能大赛夺冠的汽车技师、美发师，还有网络畅销书作者、快递员和新型农创客……只要青年人才有足够的创新能力和贡献，都能在杭州获得认可和政策支持。

同时，杭州探索建立以市场评价为导向的人才评价机制，鼓励企业自主制定人才评价标准，构建人才授权"松绑"先行之地。杭州的最大创新是让离人才最近的用人主体评价人才，例如给予杭州"六小龙"这样的科创型企业一定数量的人才评定名额，让企业自主评定人才。只要用人主体认定该人才有足够的创新能力、创新质效和贡献，该人才就能享受杭州一系列人才政策给予的帮扶、优惠。

■ 持续优化人才服务

实施"西湖明珠工程""青荷计划"等市人才计划，实施"5050计划""西湖英才计划""金靴奔跑计划"等区人才计划……杭州市不断探索优化青年人才培养引进使用的有效路径，持续优化"浓淡青春、相宜杭州"的青年创新创业生态，打造全球青年人才心生向往、人生出彩的创新创业新天地，并为高层次人才创业提供初始支撑。

通过"顶尖人才顶格支持、青年人才阳光雨露、技能人才沃土深耕"分层精准施策，杭州已形成支撑未来产业发展的"人才金字塔"。以高新区（滨江）为例，高新区（滨江）始终认为一个地区的发展潜力不在于"盖了多少房子"，而在于"集聚了多少脑子"。多年来，滨江把人才作为第一资源，形成了"以人才带技术、以技术立项目、以项目育产业、以产业聚人才"的良性循环。

千方百计引才。高新区（滨江）实施高层次人才创新创业"5050"计划，每年安排不少于1.5亿元的预算资金吸引和保障海内外高端人才带技术、带团队落地创业，并鼓励企业设立院士专家工作站、博士后科研工作站，通过柔性方式引进海外工程师等相关人才。2024年全年，高新区（滨江）新引进各类人才42859人，硕博人才占人才引进总量的21.6%。

千方百计用才。高新区（滨江）招引项目并不看重短期内的产值、盈利和税收等指标，而是以是否有核心技术作为评判标准，大力扶持"创新型创业"，对领军人才、海外高端人才、国家创新创业大赛获奖者等人才创业项目予以重点支持，形成"人才+项目"的创新创业培育模式，使包括聚光科技（杭州）股份有限公司、英飞特等行业龙头企业得以成长壮大。

千方百计留才。高品质的生活环境是人才安心创业的基本保障。近年来，高新区（滨江）围绕人才生活加快补齐短板。住房方面，实施"人才安居工程"，给予各类人才购房或租房补助；医疗方面，引入多家高等级医疗机构；基础教育方面，新建一批高端民办幼儿园，并创新建设嵌入式幼儿园——为了满足企业留住人才的需求，营造良好营商环境，缓解学前教育资源紧缺现状，2020年10月，高新区（滨江）首家"产业园区嵌入式幼儿园"海康威视幼儿园正式开园，这在全省属于首创。

一系列举措，都体现了杭州"千方百计留才"的决心。人才是第一生产力，当制度设计重能力而不唯重学历，重培育也善招引，更关注"人"而非"身份"，城市甘愿成为创新风险的"减压阀"，而非急功近利的"收割者"，创新的土壤才可能源源不断孕育出改变世界的种子。

六、文化底蕴：创新创业基因点燃接续不息的"创新火种"

杭州"六小龙"之一的宇树科技是近年来全球首家公开零售高性能四足机器人并最早实现产业落地杭州的企业。"我本身是浙江人，在考察了几个城市后，觉得杭州对年轻人比较友好，政策条件也比较优厚，在杭州高新区（滨江），不仅有众多优秀的互联网企业，还有海康威视、浙江大华等硬件公司。我就留在杭州创业。"王兴兴是一名"极客"，从小便擅长各类发明，杭州良好的营商环境、人文环境让他选择将这里作为自己事业的起点。他的经历，很好地体现了杭州对人才强大的吸引力。

从鲁冠球、宗庆后、冯根生到王兴兴、朱秋国、陈航，浙江民营企业家敢闯敢干的创业热情和开放求变的创新思维从未改变，并随着时代不断进步，在今天越发闪光。回溯历史长河，杭州之所以总能一次次点燃、接续创新火种，让创新的星星之火汇聚成燎原烈焰，一大优势在于深植于此、不断传承的浙江民营企业家精神、杭州"崇尚科学、变革创新"精神，以及在新时代增加的以科技谋"共富"的社会责任。

■ 崇尚科学、科艺融合的企业家精神传承

宋元以降，杭州文化科学名人辈出，如毕昇、沈括等；新时代的杭州创业者，在继承科学精神的同时，融入浙商、杭商文化，在高产化、产业化上走在前列。这些场景，恰恰揭示了杭州文化基因的突变：将古典士大夫的格物致知精神，转化为现代"极客"对技术的执着。

杭州创业者不仅有对科技创新的追求，更有人文关怀的温情。例如杭州第 4 届亚残运会期间，阿富汗轮椅篮球运动员在外骨骼机器人的辅助下成功站立的短视频在网上走红。这款外骨骼机器人，正是由程天科技（杭州程天科技发展有限公司）研发并制造的。程天科技一直在探索人类脑机接口与外骨骼机器人融合的可能，用科技帮助残障人士提高生活质量，正是他们始终坚持在做的事情。

有企业家说，杭州和许多城市不一样，这里的创新创业精神非常浓厚，聚集了许多充满热情、全身心主动投入创业的人。同时，杭州也堪称一座"复合城市"，既有阿里巴巴、网易等数字经济龙头企业，也有海康威视等制造业链主企业，软硬件结合可以产生很多交叉机会。有企业创始人提到，刚回国创业时，公司体量较小，人才招聘并非易事，去许多城市的高校宣讲时，不少毕业生更倾向于互联网大厂和金融机构的岗位；而杭州则不同，许多受到杭州创业精神感染的高校学子更愿意投身前沿赛道，给未来一个机会。

此外，在杭州这座历史文化名城，文化基因与科技基因的深度融合，也让创新氛围更加浓厚。在宇树科技的实验室里，一幅写着"知行合一"的书法作品与四足机器人的金属骨架并置；冯骥在西湖边散步时，构思出了《黑神话：悟空》中黄风岭雾气弥漫的景象。

目前，中国的文化产业积淀、市场成熟度较欧美发达国家仍有一定差距，还没有形成同我国综合国力和国际地位相匹配的国际文化话语权。随着国际竞争日趋激烈，在文化竞争这方软实力的"战场"上，怎样讲好中国故事？中华优秀传统文化是中华民族的"根"和"魂"，当 AI 与中国传统文化相拥，催生出了更高质量的文化新质生产力。冯骥提到，"把中国故事讲给外国受众，要先用画面、特效这些漂亮的'装饰'包装起来，人们才会有兴趣。而打开包装后，他们自然会欣赏到最打动人的东西——文化内核"。《黑神话：悟空》游戏团队受到杭州人文精神的滋养，用"匠心"回应市场期待：游戏中的一草一木，角色的一言一语，都流露着鲜明的中国文化特色，让海外玩家对中国文化大开眼界，在受到全球玩家好评的同时，也极大增强了中国玩家的民族自豪感。

营造鼓励创新的宽松环境

杭州始终以开放的态度拥抱每一个怀抱梦想的人才和企业，针对 AI、生物制造、人形机器人等赛道的前期项目，不断完善创业者的想法、理念、产品试验服务，让每一次尝试都有可能成为改变世界的契机。

例如：针对初创企业资金需求，高新区（滨江）首创基于企业创新能力的增信机制，助力上百家初创企业通过"创新积分"获得融资信贷资金超 6.8 亿元；余杭区梦想小镇设立产业创投基金，通过路演筛选优质初创项目，给予最高百万元的无考核基金资助，彰显城市对创新的支持与包容。

杭州鼓励创新的态度还体现在探索并建立了科技企业"沙盒监管"

机制，建立新技术、新产业、新业态、新模式企业全量清单，分级分类制定监管规则，对新兴产业领域相关产权界定、权益分配、隐私计算等法律法规尚未明确事项，依申请将企业纳入"沙盒监管"，鼓励入盒企业在风险可控的特定区域范围内先行先试，对入盒企业实行非现场监管，有效激发企业创新动力。例如，杭州将浙江孚临科技有限公司纳入"沙盒监管"，允许该企业在数据流通链式授权、善意使用风险隔离等方面开展创新试点，助力该企业成功推出全球首个亿级参数银行反诈大模型。

在科技革命浪潮中，城市的开放高度和文化气度，决定了创新的辐射广度和传播的影响力深度，唯有把本土产业链嵌入全球价值网，把传统文化与当代潮流结合，才能实现从"单点突破"到"生态崛起"的跨越。

从"烟柳画桥，风帘翠幕"的三吴都会，到如今高楼林立、创新创业的科创重镇，杭州的城市气质经历了从传统到现代的转变。这种转变不仅是地理空间的扩展，更是城市精神的升华。这座城市以数字经济与人文底蕴的双螺旋结构，将创新转化为全球影响力——当机器人在良渚文化中起舞、游戏引擎在遗址保护中觉醒、开源代码在西湖畔流动，杭州证明了顶尖科技与城市气质的融合，是数字文明最优雅的表达方式——杭州"六小龙"的成功正是这种融合催生出的果实。在这里，硬科技是挺立的脊梁，软实力是流动的血脉，共同铸就一座"未来之城"的完整生命体，在这种"软"与"硬"之间，杭州的未来正在悄然展开，这座城市还将继续在文化与科技的交融中探索新的路径，为世界贡献更多"中国奇迹"。

第四章 | 113
龙兴于渊：为什么是杭州

科技与文化、时尚与传统，融合成为杭州独特的城市气质，包容着无数创业者在此追逐梦想（杭州市拱墅区委宣传部 供图）

第五章

龙门待跃：下一批"六小龙"在何方

　　创业如暗夜行舟，机遇的星光总与风险的暗礁共存。创业路上，既要有孤身破浪的胆魄，也离不开八方托举的助力。杭州"六小龙"固然是无数杭州科技企业中的佼佼者，但这六条破水而出的"小龙"还需要我们以更大的热情助其成为腾跃九天的巨龙；而它们背后，还有无数正在成长的"准小龙"，更需要春风化雨般的生态去滋养，助其跃过龙门，实现蜕变。

一、创新"沙丁鱼效应"正在显现

杭州"六小龙"的出现,是偶然吗?客观地讲,是"偶然中有必然"。

从 21 世纪初的信息化布局,到大力发展数字经济的战略布局,以"数字经济第一城"定位自身的杭州,一直在努力:在已经拥有阿里巴巴、海康威视、网易等巨头企业后,在 2016 年的"云栖大会"上,曾提出"寻找下一个阿里"的期待。

杭州"六小龙"一词火爆后有一个很有趣的现象:不少科技型企业的创始人,纷纷打电话给课题组说,自己的公司完全不逊色于这六家企业,也应该被叫作"七小龙、八小龙",或者"十八罗汉""一百零八将"。一种你追我赶比创新的局面,成为 2025 春天里浙江、杭州的另一道独特风景,创新的"沙丁鱼效应",正在杭州涌现!

杭州"六小龙"以其在 AI、机器人等前沿领域的卓越成就,成为杭州乃至浙江科技创新的耀眼名片;但在科技创新的舞台上,浙江的科创活力不只有声名远扬的杭州"六小龙",还有一大批优质的硬科技小微企业正悄然崛起,成为各自赛道的"隐形冠军"。它们的点点萤火同样不容忽视，共同构成浙江科技创新的浩瀚星空。

■ 在 AI 领域，许多企业正不断成长壮大

杭州灵伴科技有限公司：持续探索 AI 与 AR 技术的融合，其推出的 Rokid Glasses 是一款集声音、视觉、AI 功能于一体的 AR 眼镜，已展现出多种创新应用场景。企业未来有望凭借轻量化设计、强大硬件配置以及大模型整合，在消费级市场以及教育、医疗、工业等行业端加速渗透，拓展 AI 眼镜应用边界。

思看科技（杭州）股份有限公司：专注于三维视觉数字化技术在工业领域的应用，是面向全球的三维视觉数字化综合解决方案提供商。随着其工业大模型技术加速落地，以及对机器视觉产业链并购整合，企业有望在非标零件工艺解析、智能排产等场景中深化应用，推动国产化替代产品研发、投产进程进一步发展。

杭州炽橙数字科技有限公司：专注于工业元宇宙底座技术的高科技企业，提供数智新引擎、超真云系列产品和未来工厂、核电数字化等解决方案。企业自主研发的数字孪生底座软件平台系统已达到国际领先水平，已服务超 1000 家制造业企业客户和众多院校，在细分行业市场占有率稳步提升。企业历经 10 年发展已进入快速扩张期，未来有望成为中国数智化领域底座技术领军者。

西湖心辰（杭州）科技有限公司：由西湖大学蓝振忠团队创办的专注于 AI 服务研发的科技公司，旗下产品涵盖 AI 绘画、AI 智能写作、AI 心理咨询等领域，构建了"模型层—中间层—应用层"产品架构，积累超百万 C 端用户和上百家 B 端客户。公司未来将持续提升"西湖大模型"多模态交互能力，通过本土化与出海布局，在心理健康、内

容创作、智能营销、情感陪伴等多领域拓展，构建开放的 AI 生态。

浙江云智科创集团有限公司：针对电商企业面临的海量交易数据难以有效分析利用的问题，企业自主研发出一套智能数据分析系统，能够快速准确地挖掘出消费者行为模式、市场趋势等关键信息，帮助电商企业优化营销策略、提升运营效率。凭借其优质的服务和技术优势，企业客户涵盖了服装、食品、电子产品等多个行业的知名电商企业，业务规模不断扩大，成为浙江云计算与大数据应用领域的佼佼者。

浙江百应科技有限公司：专注于对话式 AI 技术应用的国家级专精特新"小巨人"企业。企业通过 AI 及自动化技术为政府机构及头部企业提供智能用户运营平台与解决方案；基于多模态情感 AI、用户标签画像、全场景连接与触达、策略智能与自动化等系列产品矩阵，为企业客户提供存量时代的精准营销平台，打造核心客户价值；同时为政务客户打造数字化连接平台，实现高效连接群众，高效解决企业增长难题及政企服务难题。企业连续 9 年复合增长率超 100%。

杭州数澜科技有限公司：一家专注于数据中台、数据可视化、大数据平台的专业服务商。企业秉持"让数据用起来"的使命，以一站式数据中台搭建基础设施"数栖"产品为核心，搭建起数据中台解决方案、数据可视化服务、数据智能解决方案等产品矩阵，为政府、企业提供咨询、技术支持、实施落地等一站式数据资产化与应用服务，助力客户商业智能创新，成为国内数据中台赛道的引领者。

■ 在具身机器人领域，不少企业具备领先的技术和产品开发能力

杭州程天科技发展有限公司：聚焦外骨骼机器人，尤其在医疗康复与康养领域深耕细作的一家高科技企业。企业凭借全栈自研技术，

在核心元器件方面，自主研发电机、减速机、力矩传感器等关键部件，实现核心元器件国产化，并将关节模组成本大幅降至市场价的十分之一，打破了国外长期以来的技术垄断；在意图检测技术方面，通过精密传感器与先进的深度学习算法，结合脑机接口技术，能够实时精准捕捉患者的动作意图，实现步态的自适应调整，成功攻克了传统外骨骼被动训练的难题，为患者带来更贴合自身需求的康复体验。

杭州申昊科技股份有限公司：专注于工业机器人及智能电网设备研发制造，在电力巡检机器人领域处于领先地位。企业产品凭借先进的传感器技术，能够精准识别电网设备的运行状态，提前预警故障隐患，有效提升电力系统的安全性与稳定性。在智能电网建设加速推进的背景下，企业有望借助技术优势，拓展市场份额，实现业绩的持续增长。

浙江国自机器人技术股份有限公司：产品涵盖智能巡检机器人、物流智能机器人等，并能提供智能物流一站式解决方案。企业自主研发的智能巡检机器人在工业场景中表现出色，能够自主规划巡检路线，实时采集设备数据，为设备维护提供有力支持；物流智能机器人则可提高物流效率，降低人力成本，未来有望在仓储物流等行业进一步推广应用，助力相关产业实现智能化升级。

五八智能科技（杭州）有限公司：中国兵器装备集团旗下的科技型中小企业与创新型中小企业。企业在 AI、机器人研发等领域积极布局，产品涵盖智能控制系统集成、特殊作业机器人制造等多个方向，未来有望通过持续创新，在智能装备制造领域崭露头角，为行业发展注入新的活力。

西湖机器人科技（杭州）有限公司：西湖大学 AI 和机器人领域第

一个优质成果转化项目，着力于提高机器人行为智能，打造服务机器人新科技。企业基于深度学习和机器人学理论基础，研发具有通用行为智能的足式机器人，可广泛应用于教育科研行业、电力建筑畜牧等垂直行业、商场机场家用等服务行业。

■ 在脑机接口领域，大批具有科技硬实力的企业正在杭州落地生根

浙江诺尔康神经电子科技股份有限公司：一家神经电子医疗器械领域的高科技企业，产品涵盖神经假体、神经调控两大方向，已布局听觉重建、视觉重建、泌尿系统调控及脑部系统调控四条产品线。其自主研发的多通道人工电子耳蜗系统打破了国外技术垄断。企业正深入开展人工视网膜相关产品研发工作，致力于帮助更多患者重获光明与声音，未来有望持续拓展产品线，在神经医疗领域扩大优势。

杭州暖芯迦电子科技有限公司：专注于超高密度神经刺激器芯片、生物传感器芯片及相关医疗器械产品的研发和销售，是国内极少数有能力独立完成相关高性能芯片的设计以及实现量产交货的企业，也是国内较早研究"高分辨率人工视网膜"的企业，拥有近20年研发资历。企业在生物小信号与神经信号采集、编解码等领域技术处于国际领先水平，拥有80余件专利，并承担科技部重点专项，未来将继续在生物芯片领域填补国内空白，向世界尖端水平迈进。

杭州佳量医疗科技有限公司：一家脑科学和神经外科领域前沿技术产业化的高科技平台型企业，致力于成为神经医学领域值得信赖的解决方案领航者。企业已构建先进的脑机调控、医用激光以及脑机芯片三大技术平台，为多种神经系统疾病提供创新器械解决方案。企业已开发的产品包括用于脑部微创手术的磁共振引导激光消融系统，用

于治疗癫痫及帕金森病的植入式闭环自响应神经刺激系统，以及颅内深部电极等。

浙江柔灵科技有限公司：专注于非侵入式脑机接口技术研究及其在消费电子领域和医疗领域的应用。企业主要的产品研发方向为用于脑电信号监测的柔性电极材料以及基于元宇宙的神经三维交互系统，涉及柔性材料、算法、AI等诸多科学领域，能够为互联网医疗背景下的睡眠监测、心理问题筛查和慢病康复管理、VR/AR交互、游戏等领域提供技术应用和服务。

杭州神踪科技有限公司：国家科技型中小企业，致力于实现国际领先的生理监测精度水平和优良的用户使用体验，打造领域内先进的AI分析与神经信号解码技术。公司将脑机接口技术创新并成功转化为医疗产品，已构建了成熟的医疗器械研发、生产、销售体系，研发可穿戴式神经电生理监测设备与调控治疗设备，产品已获得二类医疗器械注册证与生产许可，已推广至全国各省区市的两百余家医院。

杭州青石永隽医疗设备有限公司：聚焦侵入式脑机接口产品的研发，以治疗难治性抑郁症为切口，通过深入研究和临床试验，逐步将公司的技术应用于更广泛的适应证，例如治疗儿童孤独症、神经发育障碍、强迫症、成瘾等多种神经精神疾病，以及运动功能替代和感知觉重建等。作为2024年12月31日正式成立的初创企业，已成功达成5000万元天使轮融资意向，并签署投资协议金额3200万元，展现出强劲的发展势头。

二、"小龙"的背后是千千万万条"小鱼"

人们的目光常常被那些站在舞台中央、收获鲜花与掌声的创业成功人士所吸引，他们的故事被媒体广泛报道，成为激励无数人投身创业洪流的动力源泉。然而，在耀眼的光环背后，也隐藏着许许多多鲜为人知的痛苦与眼泪。当杭州"六小龙"在舞台中央备受瞩目的时候，它们的身后一定有许多还没能跃过龙门、化身为龙的"小鱼"，正挣扎在创业的洪流之中，饱尝艰辛。面对创业的各种风险与挑战，需要城市多一份包容与沉着，用温暖与耐心去等待、滋养这些尚未收获成功的挑战者。

当我们谈及创业成功的典范，埃隆·马斯克是一个无法绕过的名字，他所创立的特斯拉汽车品牌，在电动汽车领域掀起了一场革命，迅速占领了全球高端电动汽车市场。马斯克享受着来自全球的赞誉与追捧，他的每一次公开演讲，都吸引着无数人的目光；特斯拉的每一次新品发布，都成为行业的焦点事件。然而，又有多少人知道，在埃隆·马斯克创立特斯拉的初期，也面临着诸多技术难题和资金困境，例如所有电动汽车品牌都会面临的续航里程不足问题。为了提高续航里程、实现良好人车互动体验，马斯克投入了大量的资金和人力进行研发，研发团队经历了一次又一次的失败和否定。同时，资金短缺也时刻威胁着公司的生存。在那段艰难的日子里，马斯克承受着巨大的压力，甚至一度陷入了精神崩溃的边缘。然而，他凭借着顽强的毅力和对梦想的执着追求，最终带领特斯拉走出了困境，迎来了今天的辉煌。

再看国内的例子。如今的阿里巴巴已经成为全球知名的电子商务巨头，改变了数亿人的生活和购物方式，但在1999年阿里巴巴创始时，中国的互联网还处于起步阶段，大多数人对电子商务一无所知，阿里巴巴的商业模式也不被市场所认可，面临着客户少、资金紧张等诸多问题。为了推广阿里巴巴的平台，马云带着团队四处奔波，参加各种展会，向企业介绍电子商务的优势。尽管那个时期，一路上满是辛酸和泪水，但马云坚信互联网的未来在中国，电子商务必将改变中国的商业格局。他的坚持得到了回报，在技术研发、市场推广、政府支持等多方共同作用下，如今的阿里巴巴已经发展成为一个庞大的商业帝国，辉煌的背后也隐藏着马云和他的团队多年来的艰难困苦和无数次的失败挫折。

再如姚力军。2005年怀着"产业报国"的梦想，留学日本的他回到祖国，创立了江丰电子（宁波江丰电子材料股份有限公司），主攻超大规模集成电路制造用超高纯金属材料以及溅射靶材研发生产。同年10月，凭着在核心设备与技术上的充足准备，第一块国产半导体工业用溅射靶材在江丰电子的生产线上诞生，但这块有着"中国血统"的靶材却并未马上带来盈利。创业之初，姚力军在亏损中度日如年。他记得2008年年关，余姚下了一场很大的雪，作为土生土长的东北人，姚力军理应对此司空见惯，但这场雪却成了他记忆中最难以忘怀的一场雪。那一年，金融危机在全球蔓延，成立不久的江丰电子账上空空，员工的工资和年终奖、供应商的货款都等着付，姚力军奔波了好几天才从四处筹来260万元撑过了年关，但过完年账上只剩10万元，他几乎不知该如何撑下去。好在熬过那个寒冬后，开年第一天，当地政府及时伸出援手，帮助企业落实了300万元贷款，还积极牵线搭桥，帮助企业与高校、科研机构建立产学研合作关系，拓宽人才引入渠道，让科研与生产重回正轨；随后江丰电子又获得5000万元风投资金。在政府的大力扶持和资本的鼎力帮助下，江丰电子逐步攻克技术难关，产品成功打入国际市场，在半导体材料领域站稳脚跟，成为全球领先的技术节点主流供应商。

这些还只是成功渡过难关的例子，创业路上还有更多企业没能熬过去，成为洪流中被卷走的一粒微尘。例如共享单车行业曾经风靡一时，在2016至2017年间，共享单车企业如雨后春笋般涌现，摩拜单车、ofo"小黄车"等品牌迅速占领市场，成为资本追逐的对象，吸引了大量的创业者和投资者加入其中。然而好景不长，随着市场竞争的加剧和资本的退潮，共享单车行业迅速陷入困境，无数创业者和投资者血本无归，他们曾经怀揣着梦想进入这个行业，投入了大量的资金和精力，但最终却在市场的竞争中逐渐被淘汰，成为创业浪潮中的牺牲品。

当杭州"六小龙"受到大量关注和赞美时，我们也应该看到那些努力过但没能杀出重围的创业者，思考该如何让更多人实现创业梦想。

一个良好的创业环境对于创业者来说至关重要，作为创业者的摇篮，城市应该为创业者提供完善的政策支持、适当的资金保障和优质的服务，对那些创业失败的人给予包容和支持，雪中送炭永远比锦上添花更有温度和价值。在硅谷，创业失败被视为一种宝贵的经验，创业者不会因为一次失败而被社会所抛弃；相反，投资人反而愿意再次为那些曾经失败的创业者提供资金支持，因为他们相信这些创业者在经历了失败的洗礼后，能从失败中吸取经验，会更加成熟和稳健。而当这些曾经的"小鱼"再度活跃时，它们当中也许就会诞生下一批"六小龙"。

三、冲出创新创业的危险丛林

创新创业从来不是一帆风顺的坦途，而是一片危机四伏的巨大丛林，一系列危险隐藏在创新项目从实验室研发到市场应用的必经之路上。从科技成果商业化过程来看，基本需要经历"科学研究、技术开发、成果转化、产业化"等几个主要阶段。每个阶段的任务不同，思维方式不同，管理方式也不同，也因此造就了"模糊地带、魔鬼河、死亡谷、达尔文海"等盘踞在不同阶段中的诸多障碍。

模糊地带：基础研究中的科学发现是否有应用价值。基础研究扩展了人类对自然的认识边界，但不是所有基础研究都能找到应用原理、产生应用价值，需要从中找到真正有价值的技术种子，进而确定技术成果转化的方向、路线。这一阶段存在巨大的边界模糊性和前景未知性，这些模糊和未知充斥在模糊地带中，会让创业者迷失方向。

魔鬼河：所谓技术开发，就是将科学知识转化为可解决问题、满足需求的技术。但基础研究中如果没有弄清楚科学发现的应用原理，很难开发出有价值的应用技术。这一阶段的障碍就像一片波涛汹涌的魔鬼海，充斥着科学技术理论层面的不确定性、科学技术功能层面的不确定性以及人类主观意志的不确定性，需要创业者在一次次实践中明确这些不确定性，最终才能实现技术开发的实践落地。

死亡谷：从技术开发阶段到商业化阶段的过程中，往往会涉及两方面资金内容：一是融资经费将不断消耗直至枯竭；二是开发出的产品小批量生产后，产品销售出去可以获得收入，销售得越多，则收入越多。此时，经费支出曲线与收入曲线之间会形成一个"峡谷"，这两条曲线与初期投资线之间所围成的空间越大，表明资金短缺的矛盾越大，故这个峡谷被称为"死亡谷"，有太多企业因未能良好把握市场趋势，在此折戟沉沙。

达尔文海：从商业化小批量生产到产业化大规模量产所经历的障碍被称为"达尔文海"。这一阶段企业又将面临技术、成本、供应链、市场等多重挑战：生产工艺需要改进以提高效率和稳定性；材料选择需要优化以平衡性能和成本；产品一致性和可靠性的要求更高，需要大量的试验验证和迭代优化。同时，生产成本结构发生变化，原材料采购需要建立稳定的供应链和议价能力，生产设备需要优化设备选型和利用率。

虽然创新创业的道路上危险重重，但总有勇士无惧挑战，踏上征途。如何避免企业发展陷入误区，如何帮助企业有效跨越障碍，成为每一个创业者以及城市管理者应当思考的问题。

■ 点亮基础研究前沿灯塔，稳步穿行"模糊地带"

想要克服基础研究阶段的困难，就要通过构建基础研究、应用基础研究、应用研究、试验开发的创新链，越过关键领域技术门槛、打牢产业创新地基，赋能产业链、科技成果转化和创业活动。

一是面向国家战略培育核心科技力量。努力推进国家实验室、省实验室、大科学装置等国家级和省级重大科创平台建设。支持世界一流大学和优势学科建设，打造以研究前沿科学技术、培养拔尖创新人才、开展跨学科交叉与自由探索、孕育未来产业为主要使命和特征的新型大学。支持国家重点实验室建设，开展基础前沿技术、共性关键技术、前沿交叉技术研究，集聚和培养优秀创新人才。促进新型研发机构建设，开展重大任务攻关。

二是重点推进教育科技人才一体化。推进高等学校、科研机构优化学科专业布局，推动基础学科、新兴学科、交叉学科建设，强化有组织科研。推动建设跨学科交叉研究平台，打破学科壁垒，推动科研数据共享，促进跨机构、跨领域的协同创新。优化科研项目管理流程，完善科研经费管理机制，改革科技成果管理制度，提升科学技术源头供给能力。扩大高校及科研院所在经费使用、编制使用、岗位设置、绩效考核、薪酬分配、职称评定、人员聘用等方面的自主权。

三是要加大对研发活动的支持。建立需求导向的研究机制，深化产学研合作，将产业需求融入基础研究规划，设立产业导向的重点研究项目，引导科研方向与市场需求对接。推动政府科研平台、科技报告、科学数据进一步向企业科研人员开放，扩大大型科研仪器等科技资源开放共享范围。同时，深化科技成果转化领域改革，探索"赋所有权+作价入股"模式，鼓励科技成果所有权人以科技成果评估价值入股企业，强化科研人员收益分配激励，激发科研人员参与转化的积极性，让创新成果迅速走出实验室，融入市场，实现从"纸面成果"到"现实生产力"的跨越。

四是强化企业科技创新主体地位。建立企业主导的重大科研选题机制，提高科技领军企业对创新方向的决定权，完善企业参与的基础研究资助机制，鼓励企业提前介入基础研究，增强研究的实用性和转化潜力。支持民营企业参与重大科技基础设施、重大创新平台建设，承担科技计划项目。支持科技领军企业开展行业共性技术研发，联合科研机构、高等学校及产业链上下游企业等组建创新联合体、重点研发平台等。如浙江支持宇树科技建立省级企业研发中心，提供知识产权奖励、研发补助、科技企业资助等扶持资金超2500万元，助力企业突破智能人形机器人总体结构设计、全身运动控制算法、复杂环境自主作业模型等关键核心技术，加快量产全球领先的通用人形机器人产品。

■ 夯实创新创业载体，安全横渡"魔鬼河"

以创新引领构建现代化产业体系，推动传统产业的智能化、高端化、绿色化转型，发展新兴产业、培育未来产业，通过打造优质的创业载体和平台，优化创业引导和政策支持，释放创业活力。

一是打造富有支撑力的创业空间。依托重点产业平台、大企业、高校和科研院所，培育一批市场化、专业化、集成化的大学生创业园、创业陪跑空间、孵化器、众创空间等孵化平台，打造一站式综合服务平台。鼓励行业龙头、高校及科研院所加强中试能力建设，更好满足新技术、新产品、新工艺产业化需求。如杭州自2003年被纳入国家科技企业孵化器体系建设试点城市以来，就聚焦推动"政府、民营、人才、资本"四大核心要素聚合。截至2024年12月，全市已有国家级科技企业孵化器65家，居副省级城市、省会城市第一；并有省级科技企业孵化器160家，孵化总面积600余万平方米，入驻企业2.7万家。

二是建立市场导向的技术开发机制。要充分重视企业科技创新主体地位，鼓励企业积极加强与高校、科研机构的合作，组建产学研联合创新体，高校与科研机构充分利用其丰富的科研资源和专业人才优势；企业则凭借市场洞察力与生产资源，推动技术从实验室走向应用。培育布局一批高能级企业创新平台，大力推进以企业为主体的应用技术创新和先进产品开发，着力破解产业链核心技术"卡脖子"问题。如为满足深度求索对算力的巨大需求，杭州专门协调解决32亩工业用地和3.1万吨标煤能耗指标，支持企业建设高度定制化智能算力中心。

三是推动"生产生活+生态"特色小镇建设。围绕"形态小而美、产业特而强、功能聚而合、机制新而活"的内涵抓特色小镇建设，成为杭州推进供给侧结构性改革的新抓手、新动能培育的新平台。从科技企业孵化器、众创空间到特色小镇，以及大学生创业园、小微企业园等，杭州建立了全市域创业空间供给体系。如杭州携手中国美术学院和浙江音乐学院，以政校合作模式打造艺术、产业、社区高度融合的"产业+艺术"孵化园区——艺创小镇，吸引了游戏科学创业团队入驻，小镇不仅提供住房、餐饮、医疗等服务，还帮助企业解决版号申请、税务审批、拍摄场地租赁等问题，可以被称为《黑神话：悟空》成功背后的"无名英雄"。

四是以"最集成"模式优化政府服务。自2011年以来，杭州先后探索推出"创新券、服务券、活动券"等创新创业服务，以"最服务"理念为指导，打造基于"互联网+"的小微企业公共服务，实现了全程网络化管理，将"最为小微企业着想"的理念贯通到整个创新创业生态中，以"科技店小二"姿态将服务送到创业最前线。例如，杭州高新区（滨江）以企业需求为导向，构建了全链条全天候多层次的涉企服务体系，将精准化、定制化增值服务送到企业身边；建设"产业社区""暖企小站"，把最小服务单元延伸到产业楼宇；配置专属的联企服务专员，提供项目洽谈、人才政策申报、办公场地入驻等"一条龙"服务。

■ 以场景构筑辅助产品落地，平稳飞越"死亡谷"

在这一阶段要解决的是如何让产品平稳实现商业化，走上盈利的良性循环。一是需构筑企业产品场景应用验证体系。企业产品的迭代升级，需要在场景中不断使用验证、反馈数据，要持续坚持包容开放，为企业提供应用场景，科技型企业在这些城市场景中不断验证和迭代自身产品，推动创意创新到产品产业的转变。如前文提到过的杭州向阿里巴巴开放城市场景，为"城市大脑"概念提供试点验证机会；让宇树科技的 Go1 四足机器人在杭州第 19 届亚运会这样的世界级舞台中登场亮相；让云深处的四足机器人参与该届亚运会地下电缆巡检的保障工作等，都是有益的尝试。

二是营造鼓励创新、宽容失败的环境。这一阶段也是企业容易遭遇挫折乃至失败的阶段，城市管理者应当始终以开放的态度拥抱每一个怀抱梦想的人才和企业，对于 AI、生物制造、人形机器人、脑机接口等具有一定技术不确定性的未来赛道前期项目，以鼓励创新、宽容失败的态度，持续支持创业者完善想法、理念，提供产品试验服务，也许成功就在下一次尝试。如余杭区的梦想小镇设立了产业创投基金，通过路演筛选优质初创项目，进行最高百万元的无考核基金资助，彰显城市对创新的支持与包容。

"梦想,不止梦想",梦想小镇鼓励并支持每一位走在创新创业路上的"追梦人"
(未来科技城管委会 供图)

■ 锻造资本输送的巨轮,乘风破浪穿越"达尔文海"

从商业化小批量生产到产业化大规模量产,是企业真正起步的阶段,资金问题是这一阶段面临的难点之一。

这一阶段,一是要强化创投基金直接融资支持。完善国资创投基金绩效考核制度,探索尽职免责机制,不以单一项目亏损或未达到考核标准作为负面评价依据,适度放宽投资容亏率,推动国资创投基金"算大账""算长远账",成为更有担当的耐心资本、大胆资本。坚持长期主义导向,延长政府产业基金存续期限,采取接续投资方式开展长期投资，有效缓解科技型企业再融资压力。

二是完善创业过程"接力"式资助。可持续加大多层级补贴力度，设立人才项目资助、大学生创业项目资助等财政补贴，在企业创业初期提供"雪中送炭"式无偿资助，帮助企业顺利渡过创业难关。浙江省、市、区设立了重大科技专项、"尖兵"计划、研发投入补助、研发机构奖励、发明专利产业补助、认定国家高新技术企业奖励等多层次的政策体系，为企业发展持续输血。如群核科技、宇树科技、强脑科技、灵伴科技等，均在不同阶段获得过财政资金的支持，帮助企业顺利实现量产。

三是创新优化信贷资源配置。鼓励银行设立科技支行，探索通过单列信贷规模、提高风险容忍度等方式，强化科技企业金融服务能力。创新科技企业增信模式，推出"高企贷""攻关贷"等科技金融产品，通过提额度、延期限、降利率等方式，有效提升科技企业融资可得性。开发知识产权质押融资产品，推广政策性担保、无还本续贷、贴息补助等举措，着力降低企业融资成本。2024年，杭州知识产权质押融资规模达570.8亿元，惠及科技企业超2200家。

四是加速提升融资便利水平。搭建科技企业与金融机构交流平台，分行业分区域常态化组织银企对接、项目路演、上市辅导等活动。建立科技企业融资线上撮合平台，加强投融资需求和供给信息实时共享、定向推送，打造24小时"融资超市"。指导相关金融机构迭代完善联合尽调等机制，不断提升企业融资便利度。例如：杭州打造了"杭州e融"金融综合服务平台，累计为5900余家科技企业融资超500亿元。

创新创业的丛林中固然充满未知的危险与挑战，但并非无法跨越，通过深入分析技术、资金、市场等方面存在的问题，采取加强技术研发与合作、多元化筹集资金、精准定位市场与推广等针对性策略，能有效帮助创新创业项目消除障碍，实现"从实验室到市场"的跨越。政府、企业、科研机构等应携手合作，为创新创业项目营造良好的生态环境，推动创新成果如雨后春笋般不断涌现并走向市场，为社会经济发展注入源源不断的新活力。

第六章

云起龙骧：期待与展望

创新决胜未来，改革关乎国运。尽管以杭州"六小龙"为代表的杭州科技企业取得了令人瞩目的成就，彰显了中国在推动科技创新与产业创新深度融合上顺应 AI 趋势、引领时代浪潮的态势，但面向未来，我们要更坚定、清醒，才能有更大的作为。我们也期待杭州"六小龙"的成功经验能复制、推广，助力千千万万条"小龙"在中国大地上破水而出，腾飞九天之上，共同托举起国家更明亮的未来。

一、提炼范式：构建可复制的生态体系

创新是引领发展的第一动力，科技自立自强是国家强盛之基、安全之要。2024年，中国全球创新指数排名升到第11位，是十年来创新力提升最快的经济体之一。杭州"六小龙"的崛起，不仅是城市经济的地理现象，也并不仅仅是指这六家企业，更是中国城市经济创新、千千万万科技创新企业发展的一个缩影。

杭州"六小龙"的成功，本质上是"制度创新+市场活力+人文基因"协同作用的成果。要让这种模式形成可参考、可复制的范式，在更大范围内生根发芽，在各地构建适合企业发展的生态体系。

从制度范式方面来看，要实现从"输血"到"造血"的规则迭代。杭州的扶持政策并非简单的资金补贴，而是围绕企业全生命周期设计差异化的支持方案。例如：游戏科学初创时，西湖区艺创小镇提供"三年房租全免"政策，减轻企业现金流压力；强脑科技在研发关键期获得杭州市级科创基金早期投资，并通过创新基金接力支持，帮助企业平稳度过研发关键期。这种政策设计强调雪中送炭而非锦上添花，尤其关注硬科技企业的长周期投入需求。此外，要敢于进行制度创新。

例如：杭州在数据要素市场化、知识产权保护等领域率先破冰；杭州自贸区试点数据资产确权登记，允许企业将脱敏数据计入资产负债表；政府通过专项清理"查、扣、冻"企业资金的行政积弊，降低企业非经营性风险。这种"有所为有所不为"的治理智慧，既保障了市场活力，又避免了过度干预。

从文化范式方面来看，要实现从"财富觉醒"到"技术信仰"的跃迁。21世纪以来，杭州的创业文化经历了从"电商造富"到"硬科技造梦"的升级，年轻创业者将加入初创公司视为"认知期权"，即使薪资低于传统行业，仍愿为技术突破押注。例如，云深处在研发初期经历过多次失败，但社会舆论未以成败论英雄，反而视其为"技术长征"的必要试错。同时，浙商"义利并重"的传统与新时代技术理想主义结合，在杭州形成了独特的创新创业文化。此外，要注重人才网络建设。前文曾提到浙大校友是杭州创新生态的"隐藏根系"，根系发达的人才网络往往能反哺创新创业，应当格外重视。

从生态范式方面来看，应当推动从"孤岛"到"雨林"的自组织进化。杭州创新生态的一大特点是呈现"液态化"特征。一是空间高度折叠，艺创小镇2平方公里内集聚了近300家动漫游戏企业，创意与技术在这个空间中实现了"步行可达"式碰撞。二是资本共生，多元资本结构为"六小龙"提供了硬件研发资金和基础研究试错空间。在杭州的创新生态中，链主企业与小微企业共生。例如，大企业开放AI算法平台，赋能中小硬件企业产品迭代周期缩短，带来订单量大幅增长。这种"链主+蚂蚁雄兵"模式，使杭州智能物联产业集群规模突破8000亿元，形成大中小企业协同创新的"热带雨林"。

具体而言，想要构建"热带雨林"式创新生态，就需要跳出单一企业扶持的线性思维，培育创新沃土——物种丰富、层级多样、能量循环、抗风险力强。

一是进行"土壤改良"。打造肥力丰厚、适宜发展的创新"腐殖质层"，激活底层创新活力。可以借鉴"非禁即可"的负面清单制度，建立"企业需求—政策响应"的动态匹配机制；探索设立"创新沙盒试验区"，允许企业在可控范围内突破现有监管框架试错；通过大数据分析企业在不同生命周期的政策需求，实现从"大水漫灌"到"精准滴灌"的转变，避免初创企业被过度扶持催生依赖性；也应当减少对"独角兽神话"的过度渲染，推动媒体叙事从"造神"转向真实创业叙事，强化对长期主义、迭代进化的价值认同。可以鼓励创业者公开分享失败案例，例如借鉴硅谷的"失败会议"模式，将试错经验转化为公共知识资产。此外，要打通资源流动的"毛细血管"。探索建立"创新要素交易所"，将技术专利、人才技能、实验室设备等资源拆分为可交易的标准化单元，通过区块链技术实现所有权与使用权的分离。在人才资源的利用上也要充分创新，例如实施"人才柔性流动"机制，拓宽校企之间的人才流通通道，破除人才流动壁垒；推行"技术经纪人"制度，培养既懂科研又通市场的复合型人才，通过技术许可、作价入股等方式加速实验室成果转化。

二是加强"物种培育"。设计"生态位矩阵"，构建多层次创新梯队。鼓励龙头企业开放技术中台与供应链网络，例如鼓励企业将其科创平台向中小硬件厂商开放，形成"技术母舰＋生态舰队"格局。推广链主企业责任清单，推动龙头企业将一定比例的采购订单、研发任务定向释放给生态内中小企业。对于腰部企业而言，要聚焦"缝隙市场"的隐形冠军，探索设立窄赛道创新基金等创新扶持措施，支持企业在细分领域建立技术壁垒。构建"专精特新"企业加速器网络，通过"技术诊所"模式为企业提供定制化诊断，避免盲目追逐风口导致的同质化竞争。对于小微企业，则要充分激活它们潜在的创新力量。可以推广分布式创客空间，利用社区闲置空间建设微型实验室，配备企业所需的基础设备，降低其创新门槛。建立"创意众筹—原型验证—商业转化"三级漏斗机制，通过政府购买服务方式为"草根"创新者提供免费知识产权评估与商业化路径设计。

三是形成"能量循环"。 搭建"光合作用系统"，实现价值倍增流转。构建"风险投资—产业资本—公共资金"协同投资网络，以"投资接力赛"的形式推动形成技术商业化路径。例如，早期项目由天使基金孵化，成长期引入产业资本对接市场资源，成熟期通过政府引导基金实现稳健扩张。可以试点知识产权证券化，将企业的专利、商标等无形资产打包为可交易证券，解决轻资产科技企业融资难题。此外，要推动知识共享，例如受政府资助的研发项目将非核心数据开源，企业可按贡献度获取数据使用权，杭州"城市大脑"项目就开放了交通数据，赋能众多物流企业。还可以建设区域性工业互联网平台，推动设备联网率提升，通过生产数据流动优化产业链协作效率。如浙江的 supET 工业互联网平台连接了十余万家制造业企业，提供一站式的数字化、网络化、智能化服务，让技术和服务充分流通、循环起来。

四是"提升抗逆性"。 所谓"抗逆性"，是指植物在长期的进化和适应过程中，保留下有利性状，提升自己对自然威胁的抵抗力。对企业而言，提高抗逆性也就是要提高抵抗各类风险的能力，提高企业的生存韧性。例如，在 AI、量子计算等战略领域，可以组建创新联合体进行核心基础技术攻关，采用"揭榜挂帅＋里程碑付款"模式，企业完成阶段性目标即可获得研发补偿。可以建立技术安全冗余度评估体系，要求企业对关键零部件、软件系统进行备选方案备案，防范供应链断链风险。对市场网络进行去中心化布局，鼓励企业通过"微全球化"策略开拓新兴市场，如杭州跨境电商企业通过在TikTok（抖音国际版）直播打入东南亚市场，规避传统外贸的渠道依赖。还可以建立市场风险对冲基金，为企业提供汇率避险、地缘政治风险评估等市场化工具，降低外部环境波动带来的冲击；设立"人才技能银行"，将人才的技能数字化为可积累、可交易的"能力币"，以支持跨组织协作时的即时技能匹配。

二、保持清醒：既要肯定成绩，也要认识到差距与风险

杭州"六小龙"取得了亮眼成绩，固然值得鲜花与掌声，但我们要保持清醒的头脑，肯定其成绩的同时，也要客观地认识到发达国家（如美国）在 AI 领域强大的创新力和技术先进性，我们与其还存在差距；尤其，企业想要从"小龙"化身为"真龙"，还需要经历市场和时间的历练，努力奋斗，方能成就更大的事业。

与此同时，以杭州"六小龙"为代表的一批新兴科技企业，还随时面临来自各方面的风险和挑战。以 DeepSeek 为例，在其"出圈"后，随之而来的可能是一系列危机。

一是降本增效优势逐步削弱。DeepSeek 的成功将激励其他行业领军企业加入降本增效竞争行列，加速布局相关技术，研发类似产品和服务。DeepSeek 的技术优势面临被迅速模仿的可能，后来居上的颠覆性创新将会出现，甚至有短期被超越的风险。

二是国际发展环境或将恶化。DeepSeek 的技术突破和开源策略冲击了以美国为代表的西方国家的创新领导地位，也对国际巨头的垄断市场行为发起了挑战，可能会导致对华 AI 芯片和应用的制约政策进一

步趋严。例如：美国国会参议院情报委员会主席乔希·霍利提出《2025年美国人工智能能力与中国脱钩法案》，多个国家拟以数据安全等理由限制 DeepSeek 大模型下载；以浙江企业为例，海康威视、新华三集团、浙江大华等高新技术企业被纳入美国实体清单，一批关键零部件被日本、美国等国家列入出口管制。此外，国际人才和学术交流也受到不同程度影响和限制，如何深入参与国际科技合作和治理面临挑战。

三是"挖角式"恶性竞争或将出现。DeepSeek 访问量激增后服务稳定性已受到冲击，需要更多人才参与保障稳定运营。但随着其知名度、影响力持续提升，海外企业势必加大对人才资源的竞争力度，或以更高薪酬、更优职位争夺国内 AI 领域的关键人才，这也是现实存在且必须面对的问题。

以上列举的种种危机，仅是冰山一角。面对如此之多的风险与挑战，我们要认清差距。比如，宇树科技虽为国内机器人领域龙头企业，但还缺少 ISO 标准认证，而日本、瑞士等国的同类企业已通过深度主导并参与国际标准制定，形成在全球机器人行业的技术话语权壁垒。我们还需要谨慎评估国际发展趋势，如美国的"星际之门"计划（一项由美国政府支持、多家科技巨头参与的 AI 基础设施建设项目）等，防范盲目跟随。此外，我们还要客观分析自身发展情况，持续强化前沿基础、技术应用等研究，发挥自身特点，加快提升"基础化、普惠化、生态化、工程化、应用化"创新能力。

第一，为了应对风险，需要在顶层设计中加大对民营初创企业、新型创新范式等的支持力度，对重点企业研究制定"一企一策"支持清单，营造"服务最优、成本最低、效率最高"的环境，助力企业茁壮成长。

第二，应当支持如杭州"六小龙"这样的 AI 领域龙头企业承担国家 AI 科研攻关任务，持续迭代复杂思维链、对齐调优等大模型关键技术，打造具有全球竞争力的开源模型生态体系；支持个人开发者、高校师生等参与开源生态建设；支持 DeepSeek 等开源模型与欧美企业合作，加大向共建"一带一路"国家推广、应用国产模型软硬件力度，加快开源模型生态体系"走出去"步伐。

第三，可以发挥 DeepSeek 等模型低价普惠、开源生态的优势，鼓励各省区市谋划建设 AI 行业应用中试基地，开发工业、文化、医疗等垂直领域解决方案。面向人形机器人、脑机接口、虚拟现实等未来应用场景，支持大模型企业与宇树科技、云深处、强脑科技等相关领域企业深度合作，打造"AI+"未来先导应用区，以长板叠加的形式，培育与发展更多类似杭州"六小龙"的独角兽企业。

第四，要推动"芯片—算力—模型"自主可控发展，支持国内重点 AI 芯片厂商与模型企业等合作，攻关突破算子库、编译器等软硬件适配关键技术，加快国产软硬件适配兼容，提升模型训练和推理效率。在各省区市建立更多省级万卡集群定向服务机制，支持模型企业、应用企业在省级万卡集群训练其最新模型产品，提升自主"芯片—算力—模型"生态高效集成适配效能。

第五，要前瞻研究新产品、新技术安全伦理风险，制定适度包容、具有弹性的监管规则和标准，在严守安全底线的前提下留足创新空间。支持建设公益普惠、开放包容的中试验证平台，向企业开放应用验证场景，促进技术熟化和推广应用。研究设立未来产业青年创新团队扶持计划，避免区域间恶性"挖人"竞争，长期支持初创企业的青年创新团队突破智能芯片、人形机器人、脑机接口等产业关键技术。

第六,各地要因地制宜布局现代化产业体系。以杭州为例,"五大产业生态圈"是杭州的主导产业,包括智能物联、生物医药、高端装备制造、新材料和绿色能源;"五大未来产业"是杭州梯队培育的后备力量,主要是指通用 AI、低空经济、人形机器人、类脑智能、合成生物;"五大生产性服务业"则聚焦数字服务、科技服务、金融服务、物流服务、商务服务等五大领域,打造全球新兴产业科创中心、全球数字贸易中心、国际金融科技中心、全球现代物流发展中心、全国高端商务服务中心。每一个产业都有一个产业配套、一个发展规划、一个行动方案和相应的专项支持政策。

结束语

杭州"六小龙"的出现,依托于杭州这座城市整体的创新生态;但杭州的崛起也不可能仅靠一座城市的单打独斗,而是有赖于融入长三角一体化发展的创新生态,有赖于与京津冀、粤港澳等区域的企业的协同布局。如今,杭州"六小龙"在北京、深圳等地都设立了新的平台,就如华为在杭州同样设立了创新平台一样。

杭州作为浙江的省会城市、长三角城市群重要节点城市,一直坚定不移地贯彻实施长三角区域一体化发展国家战略;积极对接上海、合肥综合性国家科学中心科创资源;紧扣一体化、高质量、现代化三个关键点,建立跨区域、多模式的技术创新联盟,联合开展重大科学问题研究和关键核心技术攻关;与其他城市共建科技创新平台,共推区域创新成果转移转化;加强城市间人才资源流动共享,积极营造有利于提升自主创新能力的创新生态。如此种种,才成就了杭州如今充满活力的创新生态、充满营养的创业土壤,才孕育出以杭州"六小龙"

为代表的一大批优质企业。

产业兴则经济兴。尤其是站在新一轮产业机遇已然来临的当下，更需抓住难得的"弯道超车"机会。地方新兴产业竞赛越发激烈，各地都在拼抢项目，甚至出现招商"内卷"现象。每一座城市都深知，产业格局决定了未来数十年的发展命运，一些城市因产业转型滞后导致发展落后的教训也让很多城市充满焦虑和压力。

因此，在杭州"六小龙""出圈"后，引起了不少城市的内省，并发出"灵魂拷问"：为什么我们这里没有诞生"六小龙"？事实上，从更为宏大的城市叙事来说，很多城市虽然没有所谓的"六小龙"，但耕耘特色产业多年，早已孕育出了独属自己的科创底色。

例如深圳，以硬件制造和全球供应链为核心，这里不仅有"四巨头"华为、腾讯、比亚迪、大疆，还孕育了中国人形机器人第一股深圳市优必选科技股份有限公司、以 AI 赋能药物研发的深圳晶泰科技有限公司、激光雷达领域龙头企业深圳市速腾聚创科技有限公司、中国协作机器人第一股深圳市越疆科技股份有限公司、自动驾驶领域"黑马"深圳佑驾创新科技股份有限公司以及跨境电商巨头傲基（深圳）跨境商务股份有限公司等大量隐形冠军。

再如北京海淀区科研院所、高校资源密集，聚集众多初代 IT 公司。进入 AI 时代，海淀区依旧是主战场，现有 AI 领域企业 1300 余家，其中诞生了多家领域内的独角兽企业，在全国的占比超 26%。此外，海淀区人才资源丰富，对高科技人才有着很强的吸引力，深度求索在北京的办公地点就选在海淀区，位于北京大学和清华大学之间。

受到杭州"六小龙"现象的感染，进而连续发文自省的南京，高校资源众多，走的是长周期创新路线。如东南大学毫米波国家重点实验室、南京大学超导量子计算实验室等，经过长达数年的成果转化周期，均在 2024 年取得突破性进展。南京的国网电力科学研究院有限公司（南瑞集团有限公司）、南京金斯瑞生物科技股份有限公司等一批企业都是中国产业链自主可控的核心力量。

不同城市有不同的资源禀赋和文化基因，决定了不同的发展路径和重点产业。中国的产业发展格局，从来不是一家独大，而是百花齐放。以历史的眼光来看，当杭州"六小龙"从西子湖畔飞向世界竞技场，它们身上早已不再只有单一的地域印记，而是靠着整个产业链的共同托举才能与全球竞争者角力。当合肥的量子、苏州的纳米、西安的航天、武汉的芯片等全国各地的各类产业共同绽放时，中国的创新版图才能真正星光璀璨。

杭州"六小龙"身上所展现的最大价值，并不在于其创造了多大的社会财富、取得了多高的媒体关注度，而在于为中国式现代化提供了崭新的科技企业发展范式。"金鳞岂是池中物，一遇风云便化龙"，适合企业生长的环境便是催生其化龙腾飞的风云，当千千万万条潜伏于深渊的小龙在神州大地破水而出，中国经济的韧性生长与文明跃迁将获得永不枯竭的动力源泉。

杭州科创企业CEO的自白

从小镇到世界：我的AI+AR创业之路

灵伴科技创始人祝铭明

童年种下科技的种子

我出生于江西省鹰潭市余江区中童镇的一个普通家庭，家乡的眼镜产业和家庭工厂，构成了我童年的底色。记忆中，木工工具和机器零件成了我童年不可或缺的'玩伴'。四五岁时，我便能根据螺纹特征将散落的零件归类，而一本少儿科普杂志更是点燃了我对科技的好奇心。航模制作、设备维修、木工手艺……这些点点滴滴的探索经历，让我渐渐领悟到：唯有目标明确且勇于实践，方能寻得解锁难题的金钥匙。

正是这种对"动手创造"的热爱和20世纪90年代国内对计算机技术的痴迷，最终指引我走向计算机领域。毕业后，从创办第一家手机操作系统企业到企业被并购后加入阿里巴巴集团，我的内心始终有一个声音在回响：如何让科技进一步点亮平凡的生活？2012年，我在硅谷见证了谷歌眼镜的发布，这让我深刻认识到AR（增强现实）技术的潜力。随着AI的融入，AR技术正在开启人机交互的新纪元，基于此，我毅然创立了灵伴科技，开启了一段"将科幻变为现实"的征程。

创业十年：从"无人区"到"百镜大战"

创业初期，AI+AR领域几乎是一片"无人区"。很多人对AR技术的认知还停留在科幻电影中的炫酷场景，而技术瓶颈和市场需求的不确定性让许多人对进入这个领域创业望而却步。但我和团队坚信：AR技术不应只是娱乐工具，它必须成为连接人与数字世界的桥梁。

在创业的这十年里，灵伴科技聚焦于核心技术的积累。我们相继突破了消费级AR显示技术、单目同时定位与地图构建技术、光波导成像技术、国产芯片适配以及自研XR操作系统等难关；成功将我们的旗舰产品——新一代Rokid Glasses的重量减轻至49克，这一重量与国际同行相当，但我们在此重量基础上还开创性地集成了显示功能。随着ChatGPT和DeepSeek等AI大模型的爆发，为AR技术注入了新的活力，结合AI大模型，Rokid Glasses实现了环境识别、语音交互、实时翻译等功能。越来越多的人开始理解十年前我的创业初衷——AR眼镜是AI的最佳载体。如今的Rokid Glasses不仅是眼镜，更是集耳机、相机与AI助手于一体的智能终端。用户只需使用便捷的语音操控，便能在参观博物馆时让文物和其背后的历史通过Rokid Glasses

在眼前生动再现；在工作中，Rokid Glasses 的智能助手能协助用户处理日常事务，例如帮助用户实现脱稿演讲。

创新需要与用户需求同频共振。2025 年被称为"百镜大战"元年，幸运的是灵伴科技已然在竞争中脱颖而出，销量稳居行业前列，产品的用户日均使用时长更是突破 2 小时大关，处于业内领先水平。这一切成就的背后，源于我们对"实用主义"理念的坚守：AR 眼镜不仅要切实解决用户痛点，还需确保交互简洁流畅，人机工程设计要轻便舒适。例如，在教育领域，学生可以通过 AR 眼镜直观理解空间、抽象概念；在医疗领域，医生能借助 AR 眼镜辅助医疗方案的实施；在工厂中，AR 眼镜的远程协作功能可以缓解工程师供给不足的问题，同时也能用 AI 检测人工差错。

AI+AR 的未来：技术与人文的双向奔赴

灵伴科技所追求的未来，是技术与人文的双向奔赴。首先，我们希望重新定义人机交互。手机将交互操作禁锢于方寸屏幕中，而 AI+AR 的目标是解放双手，让人回归自然交互。未来的智能终端交互将不再依赖指尖滑动，而是通过语音、AI 算法甚至意念等操控模式来实现。我们研发的 AR 眼镜正朝着这一方向进化，我们追求的不仅是功能的叠加，更是"看不见却无处不在"的智能体验。

其次，我们将不断探索应用场景的无限可能。AI+AR 的潜力远未被完全挖掘。我常问团队："好的 AR 眼镜能做什么？"通过不断向自我发问，来寻找更多的应用场景。很自豪我们已经在教育、医疗、工业、文化等几个方向实现了突破，未来还将在更多领域探索 AI+AR 的应用场景。。

最后，技术发展需伴随伦理思考，"科技向善"是我们始终坚持的原则。用户隐私、数据安全、数字鸿沟……这些问题不容忽视。灵伴科技在设计产品时，始终将隐私保护和数据安全置于首位，例如采用本地化数据处理和端侧 AI 计算，克制地在 C 端产品使用摄像头。同时，我们倡导"Leave Nobody Behind（不让任何人掉队）"的使命，致力于让技术普惠更多人，而非加剧社会分化。

回归初心：让科技照亮生活

蒙时代眷顾，我这个当年在信江畔摆弄航模的少年，如今居然被那么多的朋友所关注，灵伴科技的产品也被越来越多的用户所喜欢，这让我感到很荣幸。但对我而言，更有获得感、成就感的并不是凭借科技产品创造一个个数字上的"神话"，而是通过科技产品帮助用户解决一个个具体问题，让我们的产品能传递人性的温度。未来，灵伴科技将继续深耕技术、打磨细节，与全球伙伴共建 AI+AR 产品生态。我期待有一天，AR 眼镜能像智能手机一样普及，成为人们探索世界的"第三只眼"。而那时，人们或许会忘记我个人的大胡子形象，但会记住一副来自中国的神奇眼镜，为人类打开了一扇通往未来的门。

从数据起点走向智能未来
每日互动创始人方毅

数据梦的萌芽：从校园到创业

我出生在浙江，成长于一个对新事物充满好奇的家庭中。中学时，我曾为家里捣鼓出一套简单的电器系统。2005 年，我还是一名在浙江大学竺可桢学院求学的学生，就做出了"备备"——一款手机数据备份设备，在那个功能机刚兴起的年代，这算是我们对"数据掌控"最早的尝试。而大学的这段经历，更让我意识到数据和信息的力量。

2010 年，我创办了每日互动，最初的产品是一套简单却实用的消息推送 SDK（软件开发工具包），我们称其为"个推"。那时移动互联网在中国刚起步不久，我们一头扎进了这片蓝海，从此十几年如一日地打磨技术、服务客户，逐渐积累起了一座坚固、鲜活、具有动能的数据基座。

穿越风口：数据智能的中国路径

创业不仅要踩准"风口"，更重要的是要能穿越周期。2019 年，我带领每日互动成功登陆创业板，成为国内"数据智能第一股"。我不在意外界赋予的那些响亮的头衔，我更看重的是：每日互动是否真正用技术解决了问题。

我深知只做到"有数据"是远远不够的，更重要的是"如何把数据用好"。每日互动率先探索大数据联合计算，参与中国（温州）数安港建设，推动可信数据空间和可控大模型发展。我们的"发数站"平台，正是对产业数据要素化的有益实践。如今，每日互动已在智慧交通、政务服务、品牌营销等多个行业落地智能解决方案，其中"数智绿波"系统正在一座座城市铺开，把数据从纸面融入车流之间、生活之中。

重任在肩：技术的温度与责任

回顾创业初期，那时候"大数据还不大，数据智能还不智，人工智能还很人工"，而这十几年下来，我当时的梦想都逐渐照进现实，产品在各类场景中的落地成了我们为之奋斗的日常，我们的努力也为越来越多的人带去了便利甚至安全。

新冠疫情期间，每日互动迅速组织力量投身"战疫科技"的研发。当时，我们的团队连夜开发出了全国第一个健康码赋码引擎。那一刻，我们深刻地意识到——我们不是在"秀技术"，而是在救人。我们的技术为全省数百个区县提供防疫数据以支撑决策，这也成为我职业生涯中最有成就感的一刻。

技术并不冷漠，它需要有温度，也必须有边界。隐私保护、数据安全、算法治理，是我们必须长期守护的底线。"科技向善"不只是口号，更是我们每天写进产品代码的承诺。

看见未来：构建数据的"绿波带"

在杭州，我们这代创业者是幸运的。这座城市对青年非常友好，对创新创业充满耐心。每日互动作为中国数据智能领域领军企业之一，既享受了这里生态土壤的滋养，也肩负着开拓数智未来的责任。

未来，我们希望成为那条"看不见的绿波带"，连接政府、企业和公众，用数据和智能技术优化每一处微小的体验。从车流调度到政务办事，从精准营销到智慧医疗……我们相信，真正伟大的科技不在震撼世界的发布会中，而在悄无声息融入日常生活的每一个瞬间。

我始终相信，数据智能的未来属于那些能够坚持长期主义、脚踏实地解决问题的人。我们既要做探索者，也要做建设者。如果说过去十几年，我们是在积累数据的"基座"，那么接下来的时间，我们的目标就是要筑起智能的"高楼"——让中国的数据价值真正走上世界舞台。

杭州科技浪潮下的思考与展望

凌迪科技创始人刘郴

作为杭州一家科创企业的 CEO，我身处这个充满创新活力的城市，见证着杭州科技发展的日新月异。尤其是杭州"六小龙"现象的出现，更是让这座城市在科技领域的影响力越发强大。我想和大家分享自己对于这一现象出现后杭州的变化以及 AI 创新与时尚结合的一些看法，同时也谈谈对我们公司以及杭州科技生态的展望。

杭州"六小龙"带来的杭州之变

杭州"六小龙"——宇树科技、深度求索、游戏科学、群核科技、强脑科技、云深处，这六家公司在机器人、AI、脑机科学等前沿领域各放异彩，成为杭州科技创新的新名片。这一现象的出现，对杭州产生了多方面的深远影响。

从人才角度来看，吸引了大量高端科技人才的涌入。这些企业的成功，就像一座座闪耀的灯塔，吸引着国内外优秀的科技人才汇聚杭州。以前，很多人才可能更倾向于前往北京、上海这样的传统一线城市，如今杭州凭借"六小龙"这样的科技企业的崛起，为人才提供了广阔的发展空间和优质的创业环境，让他们在这里能实现自己的科技梦想，而这些人才的到来也为杭州的科技发展注入源源不断的活力。

在产业生态方面，促进了上下游产业链的完善和发展。以宇树科技的机器人研发为例，其发展带动了传感器、电机、控制系统等相关产业在杭州的集聚。这些上下游企业相互协作、相互促进，形成了一个有机的产业生态系统。这种产业生态的完善，不仅降低了企业的运营成本，还提高了整个产业的创新能力和竞争力，让杭州在全球科技产业格局中有了更重要的地位。

对杭州的城市形象和知名度而言，杭州"六小龙"更是功不可没。它们向世界展示了杭州在科技创新领域的实力和潜力，让杭州从一个以旅游和电商闻名的城市转变为科技与传统产业交相辉映的创新之都。如今，当人们谈起杭州，不再仅仅想到西湖和阿里巴巴集团，还有这些引领科技潮流的创新型企业，这大大提升了杭州在全球的影响力。

AI 与时尚的创新和融合：开启时尚产业新篇章

AI 创新如今正处于时代的风口浪尖，展现出无限的潜力。在技术层面，AI 算法不断优化，算力持续提升，数据处理能力更是突飞猛进。以深度求索的 AI 大模型为例，其强大的语言理解和生成能力，为众多领域带来了新的解决方案。它可以快速处理海量的文本信息，实现智能写作、智能客服等功能，大大提高了工作效率。

在应用领域，AI 的触角已经伸向了各个行业。以服装为代表的时尚行业也不例外。AI 与时尚的结合，是一场科技与美学的奇妙碰撞，正在为时尚产业带来深刻变革。

在设计环节，AI为设计师提供了全新的创意灵感和设计工具。以往，设计师获取灵感可能更多依赖于个人的生活阅历、艺术积累以及对时尚潮流的观察。而现在，AI可以通过分析海量的时尚数据，包括历史服装款式、全球流行趋势、不同文化背景下的服饰元素等，为设计师提供多元化的设计思路。比如，它能根据当前流行的色彩趋势和某一品牌独特的风格定位，快速生成一系列服装款式草图，这些草图不仅紧跟时尚潮流，还融入了品牌基因，设计师可以在此基础上进行更深入的创意发挥，大大缩短了设计周期，提高了设计效率。

面料研发方面，AI同样展现出巨大优势。面料的性能和质感直接决定了服装的品质和穿着体验。AI通过模拟不同面料的物理特性和外观效果，帮助研发人员更好地理解和优化面料性能。通过对纤维结构和编织方式的分析，AI能够精准预测面料的透气性、弹性、耐磨性等关键指标，并给出针对性的改进方案。同时，AI还能根据时尚趋势和消费者需求，设计出具有独特功能和质感的新型面料，像自清洁面料、智能调温面料等。这些新型面料的出现，为时尚产品增添了更多科技含量和创新元素，满足了消费者对于功能性与时尚感兼具的服装需求。

在时尚营销和消费者体验上，AI也发挥着关键作用。随着互联网和移动技术的普及，消费者获取时尚信息的渠道日益丰富，时尚品牌之间的竞争愈发激烈。AI通过对消费者行为数据、偏好数据以及社交媒体数据的深度分析，能够精准把握消费者的需求和心理，从而制定更加个性化、精准的营销策略。例如，根据消费者的浏览历史和购买记录，为其推荐符合个人风格的时尚单品和搭配建议，有效提高购买转化率。此外，AI驱动的虚拟试衣技术让消费者在网上购物时，能够直观看到服装上身效果，解决了线上购物无法试穿的痛点，极大增强了购物体验的真实感和趣味性。

不过，AI 与时尚的融合并非一帆风顺。创意和版权问题是一大挑战，AI 生成的设计作品是基于对大量已有作品的学习和分析，这就引发了创意归属和版权保护的争议。而且，随着 AI 在时尚产业的深入应用，一些传统岗位可能会受到冲击，比如简单的设计辅助工作和面料检测工作等，这就需要时尚行业加强对员工的培训和再教育，帮助他们掌握 AI 相关技术和知识，实现岗位转型。

凌迪科技的展望：深耕时尚科技领域

凌迪科技作为一家专注于为服装产业提供从设计到生产全流程数字化解决方案的企业，在 AI 与时尚融合的浪潮中，有着清晰的发展规划。

我们将持续加大在技术研发方面的投入，不断优化和升级我们的核心产品，如服装 3D 数字化建模软件、3D 数字化设计研发管理 SaaS（软件即服务）、3D 数字化服装供应链交易平台等。通过引入更先进的 AI 技术，提升软件的智能化水平，让设计师能够更便捷、高效地进行创作，实现设计的无限可能。我们希望能够进一步缩短服装从设计到生产的周期，降低生产成本，提高产品质量，为服装企业提供更具竞争力的解决方案。

在市场拓展方面，我们将积极与国内外更多的服装品牌合作，将我们的数字化解决方案推广到更广泛的市场。无论是大型知名品牌，还是新兴的设计师品牌，我们都希望能够成为他们数字化转型的得力伙伴。同时，我们也将关注国际市场的动态和需求，加强国际合作与交流，让中国的时尚科技走向世界。

此外，我们还将注重人才培养和团队建设。吸引更多优秀的AI技术人才、时尚设计人才以及行业专家加入我们的团队，打造一个跨学科、富有创新精神的团队。通过人才的汇聚和团队的协作，不断推动公司的创新发展，在时尚科技领域树立更高的标杆。

杭州科技生态：创新的沃土

杭州拥有得天独厚的科技生态环境，为科技企业的发展提供了肥沃的土壤。

政策支持方面，政府出台了一系列鼓励科技创新和创业的政策，包括税收优惠、创业补贴、人才政策等。这些政策就像一场场及时雨，为初创企业提供了资金和人才支持，降低了创业门槛和风险，让企业能够在良好的政策环境中茁壮成长。

丰富的高校和科研资源也是杭州的一大优势。浙江大学等众多高校为科技企业输送了大量高素质的人才，同时高校的科研成果也为企业的技术创新提供了理论支持和技术储备。企业与高校之间的产学研合作日益紧密，形成了良性互动，加速了科技成果的转化和应用。

杭州还活跃着众多投资机构，为科技企业提供了充足的资金支持。从天使投资到风险投资，再到后期的上市融资，企业在不同发展阶段都能找到合适的资金来源。这些投资机构不仅提供资金，还凭借丰富的行业经验和资源，为企业的发展提供战略指导和增值服务。

在创业氛围方面，杭州充满了创新和包容的气息。这里的创业者们敢于尝试、勇于创新、不怕失败。创业社群活跃，创业者们可以通过各种活动、论坛等交流经验、分享资源、寻找合作机会。这种浓厚的创业氛围,激发了创业者的激情和创造力,让杭州成为创业的乐土。

　　杭州"六小龙"现象是杭州科技发展的一个缩影,它让我们看到了这座城市在科技创新领域的无限潜力和活力。AI 创新以及 AI 与时尚的融合,为我们带来了前所未有的机遇和挑战。作为凌迪科技的 CEO,我对公司的未来充满信心,也对杭州的科技生态充满期待。相信在这片创新的沃土上,我们能够不断探索、不断创新,共同创造更加美好的科技未来。

让天下人看病不再难
中医聪宝创始人顾高生

从神经网络到中医，聪宝十年磨一剑

我原本学习的是神经网络专业，却与中医结下不解之缘。

2014年，我久咳不愈，去了多家医院都未能根治。后来在北京遇到一位名中医，吃了几帖中药，居然神奇痊愈。我惊叹于中医智慧，也目睹了行业困境：老中医门前每天排着长队，但是每年也只能看几万人，社会效益有限，经验传承更是困难。

为何不用我所掌握的AI技术，让中医智慧突破时空限制？我下定决心，将"中医+AI"当成自己的创业方向。

没想到，在这条赛道上，一走就是十年。

2015年中医聪宝创立，从研发全国首个中医辅助诊疗系统、首个中医机器人、首个中医大模型"聪宝素问"等技术产品，到全国首创医共体模式、城市中医大脑等，公司始终走在"中医+AI"最前沿，引领行业不断创新发展。

AI 赋能中医，破解千年传承难题

千百年来，中医大多依赖"父传子、师带徒"式的口传心授，学徒除了知识学习，还需要悟性，这为传承创新发展带来极大困难。

为破解这道难题，中医聪宝攻关研发了中医智能辅助诊疗系统，历经十年迭代升级，该系统融合聪宝素问大模型，成为覆盖诊前、诊中、诊后全流程的中医 AI 辅助诊疗平台。

2017 年，我们发布首款名老中医传承机器人。利用大数据、AI 算法、云计算、大模型等技术，机器人不但能够进行数字抄方，复刻"名医大脑"开药，而且可以完成远程授课、在线批注等工作，实现智能带教，让名老中医的临床经验实现活态传承。目前，公司已与上百位国医名师合作，形成名老中医传承机器人矩阵。

截至 2025 年，我们的技术已经应用到全国 22 个省份、10000 多家医疗机构，开出的智能处方超过 6000 万张。老百姓即便身处偏远的山区、海岛，也可在家门口享受国医名师级别的中医服务。

重构产业逻辑，激活中医药万亿市场

中医药作为一座蕴藏着万亿级市场潜力的富矿，正迎来 AI 时代的价值裂变。日新月异的智能化升级与创新应用，加速释放产业增长潜力。

诊疗方面，AI 技术助力医生提高诊疗水平，缩短患者问诊时间，提升处方准确率。近年来，中医获得社会各界空前重视，认可度越来越高，行业迎来极佳的发展机会。

2023 年，由杭州市卫健委主导、中医聪宝研发的杭州市中医治未病服务系统上线。市民用手机拍下舌苔图片并上传至系统，就能得到

一份体质报告和个性化保健方案。该系统已经入驻"浙里办"等平台，深受用户欢迎。AI 治未病将推动中医服务从传统诊疗向健康管理、慢病干预、亚健康调理等场景延伸，重构大众健康管理"预防—调理—康复"全周期生态，刺激康医康养产业向更大规模跃迁。

在中药新药研发方面，聪宝 AICD 平台可以实现从新药发现到真实世界研究的赋能，缩短研发周期，降低研发成本。在供应链方面，借助 AI、区块链等技术，药材种植、加工、流通全流程可溯源，实现中药优质优价。

作为行业领头羊，中医聪宝以"中医大脑"为核心，构筑起日益完善的中医药 AI 生态圈，应用场景从医疗机构、商业保险、药物研发、康养服务等扩展至 C 端用户。

AI 赋能，探索出海新路径

中医药因为文化差异、理论体系隔阂等原因，以往难以走出国门。但是有了世界领先的 AI 技术加持，中医出海正迎来机遇。

近年来，中医聪宝接待的外籍客人越来越多。无论是精准辨证的中医机器人，还是能望闻问切的四诊仪，外籍客人对这些 AI 产品表现出浓厚兴趣。这让我们看到，现在不单是文化输出，更应是技术输出。

未来，中医聪宝将积极尝试出海。我们认为，走出去需要尊重当地文化，结合当地医疗传统、体质特征和生活习惯等，提供技术支持，探索"精准中医"落地模式，为中医药出海开辟新路径。

后记

接到撰写《创新之地的创新逻辑：智库解读杭州"六小龙"》一书的任务时，我们既感使命光荣，更觉责任重大。

当前经济下行压力加大，全球形势复杂多变，人们比以往任何时候都更需要信心与方向。而杭州"六小龙"的崛起，恰如一束破晓的光芒，让人们看到了中国经济的韧性与活力，对未来的发展充满希望。

撰写这本书，给正在为创新创业而奋斗的人们一些借鉴和启示，这是件很有意义的工作，应该去做，尽量做好。我们怀抱这样的初心，进行了艰苦努力。

这本书的诞生，是集体智慧与心血的结晶。省发展规划研究院领导运筹帷幄、把舵定向，从谋篇布局到字斟句酌，无不凝聚着他们高瞻远瞩的战略眼光和精益求精的治学精神；课题组同仁夙兴夜寐，在完成紧张的本职工作之余，仍然坚持课题攻关。研究院的同仁们鼎力相助，浙江省委宣传部、浙江省发改委的领导大力支持，杭州市政府各部门与"六小龙"更是热情洋溢地提供了大量素材。正是大家的无私奉献，才让这部记录杭州创新发展的力作得以问世。在此，谨向所有为这部著作付出过智慧与汗水的各界人士，致以最诚挚的谢意！

由于时间所限，本书难免存在遗憾：因为采写匆促，对部分创业创新内容的挖掘尚欠深入，加上我们水平的局限，对一些问题分析深度不够，一些对策建议针对性不强、可操作空间不大。书中的诸多不足，敬请读者批评指正。

2025 年 4 月 23 日